Teaching Grammar:
Perspectives in Higher Education

Edited by Dulcie Engel and Florence Myles

Published by the Association for French Language Studies in association with the Centre for Information on Language Teaching and Research, 20 Bedfordbury, London WC2N 4LB.
Printed in Great Britain by Middlesex University Printing Services.

First published 1996.

ISBN 1 874016 54 2

Acknowledgements

The AFLS, the series editors and the book editors wish to acknowledge with thanks the support of the *Service Culturel de l'Ambassade de France*.

Contents

CURRENT ISSUES IN UNIVERSITY LANGUAGE TEACHING

Series Editors: James A. Coleman & Gabrielle Parker

Published by the Association for French Language Studies in Association with the Centre for Information on Language Teaching & Research

The Association for French Language Studies, founded in 1981, has always believed in a close link between teaching and research, and in the insights each can bring to the other.

The present series was conceived as a channel for disseminating research findings, theoretical developments, and good practive in foreign language teaching and learning at university level. It also provides a focus for debate and discussion of themes of topical or enduring concern to university language teachers.

The books are principally concerned with French, but since the outset have embraced other modern languages, and despite the focus on British Higher Education have welcomed contributions from the perspective of many different countries. All chapters are read and assessed by members of the editorial board and external referees.

Current Issues in University Language Teaching complements other AFLS activities: regular workshops focused on specific aspects of teaching or research; the authoritative, international *Journal of French Language Studies* (Cambridge University Press, biannual); the triannual *Cahiers AFLS*, containing shorter articles, reviews and news; the AFLS-NEWS bulletin board; the thematic annual conference; support for postgraduates and for innovative teaching and learning materials. We gladly acknowledge the support the AFLS receives from the Service Culturel de l'Ambassade de France.

Grammar Teaching: The Major Concerns

Dulcie M. Engel, University of Wales Swansea
and
Florence Myles, University of Southampton

1. Why the concern?

> Au cours de la dernière décennie la question de l'enseignement de la grammaire n'a cessé de susciter de fortes réactions au sein de la profession enseignante britannique (Wright & Craig, 1995, 25).

> The assumption that university students know the language and do not need structured grammar lessons clearly needs to be questioned. (attributed to J. Coleman by THES, March 18 1994, 4)

As the quotations above show, a general feeling of malaise surrounds the issue of teaching grammar in foreign language courses in HE, as well as in schools. The profession is caught between, on the one hand, the success which the communicative approach has undoubtedly had in motivating students, and on the other hand its perceived failure to produce learners who can use the foreign language in a grammatically accurate way.

Furthermore, in Britain, the prevailing political ethos of "back to basics" and the debate on teaching standard English increases the pressure on educators to demonstrate that "facts" and "rules" are being taught, that both first and second language teaching are about structure as well as communication.

There is no doubt that, compared to the traditional grammar-translation approach, the communicative approach has enabled today's learners to use the foreign language in situationally relevant contexts; they might not be able to decline the tense forms of French irregular verbs as accurately as their parents' generation, but they are usually better able to converse with their peers at a French camp-site, order food at a restaurant, or ask for directions if lost, situations which might have left their elders totally bewildered. The communicative approach has made foreign language learning relevant to today's learners because of its main aim of giving them the tools to cope with communication in the foreign country, something that many of them can envisage having to face in an increasingly international world. The foreign language is not studied as an abstract object any more, nor as a dead language like Latin, but as a communicative tool.

However, if today's learners are probably less inhibited in using the language, there is a strong feeling amongst teaching staff that the ability to understand grammatical concepts and to use grammatical constructions accurately is declining among the student population; equally there is a feeling among language students that their grammatical knowledge is not sufficient: "more grammar teaching" is a common request on student feedback forms when they reach Higher Education level.
Both HE teaching staff and students seem to share the perception that something needs to be done in order to improve grammatical accuracy, if the goal of Higher Education is to produce learners with near-native competence in the foreign language.

Indeed, a recent article in the Language Learning Journal by Metcalfe, Laurillard and Mason (1995) demonstrates that pupils' written accuracy in their use of French verbs has declined in recent years. Their findings are based on a survey and analysis of comments on French GCE and GCSE written papers found in reports from examiners, who are increasingly frustrated that the emphasis on grammatical accuracy has been removed from the examination objectives. As an indication of the concern in Higher Education circles, we note that tests have been administered recently in seven British universities to establish the metalinguistic awareness and second language proficiency of undergraduate students of French, which are both felt to have declined (see Alderson and Steel 1993, Steel and Alderson 1994). We await the results from this comprehensive study which may throw some light on any relationship between knowledge about grammar and knowledge of grammar.

Teaching students grammar, however, is not a simple issue and it raises a number of fundamental questions:

Firstly, what grammar should we teach?
Should grammar be contextualised? Should we teach grammar rules explicitly, or implicitly, and let the learners work out the rules for themselves? Should grammar teaching be based on what we know about the way in which learners actually learn grammar, or in other words, should we be guided by the errors they make or by the way in which they internalize grammar rules? Which grammar books should we use? Are the grammar books available on the market appropriate? Should grammar books be based on current linguistic theory, which is often highly abstract and theoretical, or should they reflect more immediate pedagogical concerns?

Secondly, how should we teach grammar?
This question is obviously linked to the first one, in so far as what grammar we teach has implications on how we teach it. But other issues are also of relevance here, such as how to teach grammar in a way that is interesting, accessible and *effective* (i.e. so that the students will use it appropriately in their foreign language productions). Even if there is a clear feeling among teachers that grammar needs to be better known by learners, few of them would suggest that a return to a grammar-translation methodology would be effective. Should we adopt a "consciousness raising" approach as advocated by Sharwood Smith (1988, 1993) or Ellis (1994), in which aspects of the input are rendered more salient for the learner? The recent AFLS Grammar Initiative, under which teams of volunteers produced booklets and videos embodying contrasting approaches, has been an attempt to address the question of grammar teaching within a communicative framework, and has been endorsed by the adoption of many of its materials by British and French commercial publishers.

Thirdly, why should we teach grammar?
Why did grammar teaching become unfashionable? We have seen above that one of the primary concerns of the communicative approach was to make learning a foreign language more relevant to learners, and learning grammar is often seen as uninteresting, demotivating and far removed from the concerns of communication.
Grammar teaching became unpopular in the communicative era partly because of findings in psycholinguistics. Firstly, second language learners were found to follow similar stages in their acquisition of some grammatical properties, *whether they received formal instruction or not*. Secondly, the stages of acquisition followed by second language learners were found to be similar to those followed by children learning their first language, who do not need formal instruction in order to acquire their native tongue. These findings, linked with

the fact that the relationship between what learners are taught and what they actually learn is far from straightforward, led to the general view that teaching grammar has little effect on the learning process. This position, however, is now being reviewed in view of a number of factors: firstly, the parallels drawn between first and second language acquisition, if undoubtable, have probably been overstated (cf for example Bley-Vroman, 1989; Hawkins and Towell, infra); secondly, the effect of instruction, although complex and far from straightforward, might not be negligible (cf for example Dewaele, infra). Moreover, patterns of truly bilingual education such as the successful Canadian immersion programs, which promote the second language as a medium of instruction, have encouraged advocates of the communicative approach, as the language is used across the curriculum as the prime means of communication (see Baker, 1993). In every immersion program, however, some explicit grammar teaching is needed (cf Harley, 1994).

This book addresses these very topical issues from a range of angles.

2. Problems facing the profession

The first section gives an overview of some of the debates in which the foreign-language teaching profession is engaged. Margaret Rogers discusses the general issues raised by the grammar debate with a review of examiners' reports on German language courses. She shows that the view of grammar implicit in Examination Boards is narrowly focused on morphology, and largely ignores other aspects of grammar. However, when analysing the errors actually made by students in written compositions, she found that under half of them were of the kind described by the examination boards. She stresses the importance of the need to turn to psycholinguistics to find evidence of how learners actually *learn,* and to relate this to our teaching practice. It is too often assumed that the connection between teaching and learning is straightforward, with the implication that failures to learn are attributable to learners who do not learn what they are taught. The relationship between teaching and learning, however, is far from simple and needs to be explained. Furthermore, the contribution of communicative teaching methods to motivation in students must not be underestimated. Indeed, a refocusing on grammar does not mean giving up communicative methods (see Thatcher, infra).

Another problem facing language teachers wanting to improve their students' grammatical accuracy is that of the choice of grammar books. Véronique Sanctobin presents a critical review of pedagogical French grammar books, and argues for an approach driven by the needs of the average, non-specialist, language learner, rather than one which is reliant on books based on theoretical grammar, or those geared towards native speakers. She notes that modern French grammars are still based on a traditional view of grammar, in spite of the fact it has little theoretical validity nowadays. They remain largely prescriptive, with one view of what is correct French and what is not, and little consideration for what French native speakers actually say. Moreover, grammar books tend to be too narrowly focused on spelling and morphosyntax, and very little is said about syntax or discourse (reinforcing a point made by Rogers). Too much importance is placed on exceptions, to the detriment of frequent and regular phenomena, and this leaves the learner with a view of French grammar which is fragmentary and lacking cohesion.

Sanctobin presents possible solutions to these shortcomings, arguing that truly pedagogical grammars should take the needs of the learners as their starting point, and describe language simply and coherently, with a minimum of metalanguage, stressing regularities rather than exceptions. Furthermore, they should be based on real corpora rather than on an idealised and decontextualised form of language.

3. Error analysis

The problem of teaching grammar should also be rooted in our knowledge of what is actually problematic for learners. In the fifties, difficulties in foreign language learning were assumed to be due to differences between pairs of languages; a structure which was different in two languages would be difficult to learn, and structures which were realised in similar ways in two languages would be easy. This was based on a behaviourist view of learning, and researchers embarked on the huge task of comparing pairs of languages in order to pinpoint areas of difficulties which teachers would then have to concentrate on in order to make learning more effective. However, researchers and teachers alike soon realised that some areas which were different in two languages were not necessarily problematic, and areas which were similar could be the source of difficulties for language learners. Moreover, learners from different first language backgrounds seemed to follow similar routes (although at different rates) when acquiring a given foreign language, no matter how close or distant their native language was from the language to be learnt. At a theoretical level, these findings were linked to the work of the nativists who believed language to be innate (see Chomsky's (1959) fierce attack on Skinner's (1957) behaviourist view of language learning). Although this theoretical debate centred on first language acquisition, as more and more similarities were found between first and second language acquisition, they were soon applied to the latter. All foreign language learners therefore needed was to interact with the language to be learnt in the same way as children do with their mother tongue. Hence the birth of the communicative approach to language teaching. We have seen above, however, that the development of grammatical accuracy within a communicative approach is problematic, and the place of grammar teaching within a communicative syllabus is presently being reassessed. Part of this process of reassessment uses a contrastive framework, together with Error Analysis, in order to investigate which errors found in the language produced by second language learners can be traced back to their first language. This forms part of a renewed interest in the role of the first language, which, if it is not seen any more as the only source of error, is nonetheless considered to have an important influence on the learning process. Researchers who are trying to investigate this role now often take as a starting point errors found in the interlanguage of learners from a particular language background.

One problem researchers working within this framework face is the identification and classification of errors, as it has become clear that they can have many sources: developmental, native language, inherent difficulty of a structure in the target language, etc...

Colette Feuillard uses the tool of error analysis in order to establish a typology of errors which, with ample exemplification, she then uses as a basis for the formulation of pedagogic strategies. She feels that an understanding of learner errors makes for a learner-centred approach to the acquisition process, and indeed the acceptance of errors as part of the communication process is important to followers of the communicative approach.

Inès Brulard also uses error analysis, coupled with a detailed comparative analysis of the French and English article systems in order to better understand the difficulties English learners of French encounter in the learning of that system. She argues that a good theoretical analysis of the French and English systems is vital if the teacher is to understand both the differences which exist between the two systems and which may lead to transfer errors, and also the inherent complexities of the French system which are likely to be confusing for the learner. This kind of analysis should prove a valuable resource for the teacher, who can use theoretical findings as a basis for pedagogical exercises.

4. What grammar should we teach?

The communicative approach to language teaching has been very influential, and all too often blamed for the decline in students' grammatical competence and performance. Indeed, "grammatical competence must be an integral part of communicative competence, but learning grammar does not seem to help students achieve either" (Garrett, 1986, 134). Garrett argues that this paradox rests partly on a failure to address the issue of what we mean by "grammar" in foreign language education, and whether the concept of grammar (as the rules of language based on native-speaker intuition and acceptance in the speech community) is appropriate to pedagogical needs. She concludes that: "a processing approach to teaching might well fit the students' internal structuring of the learning task" (1986, 142), concentrating on the association between meaning and form as "realization of knowledge in performance" (1986, 145). We see the connection here with the psycholinguistic notion of grammar adopted by Rogers, and by Hawkins and Towell.

How does this integration of grammar in a communicative approach work in the classroom? Fotos and Ellis (1991, 605) stress that "providing learners with grammar problems they must solve interactively integrates grammar instruction with opportunities for meaningful communication". Their study aims to illustrate how:

> grammar tasks may contribute to L2 acquisition in two ways. They may contribute *directly* by providing opportunities for the kind of communication which is believed to promote the acquisition of implicit knowledge, and they may also contribute *indirectly* by enabling learners to develop explicit knowledge of L2 rules which will later facilitate the acquisition of implicit knowledge (1991, 622).

In this volume, Nicole Thatcher presents a communicative approach to grammar using authentic materials for textual analysis. She finds that textual analysis can do much to reinforce elements of sentence grammar, as well as vocabulary acquisition. However, teaching grammar here is seen as subordinate to the overall communication process, rather than as an end in itself, and this is something we should always bear in mind: textual analysis develops students' language awareness, through the uncovering of how the text is put together.

Jean-Pierre Mailhac takes the particular problem of teaching the French subjunctive, and shows how it is treated in various pedagogical grammars (cf. Sanctobin) before proposing an approach grounded firmly in semantic-based Guillaumian theory, which, for the author, has the advantage of providing a fuller explanation of contexts requiring the subjunctive. The form of a decision-making tool for the learner (summarised in a very clear table) stresses the apprenticeship approach to learning, with the focus placed on the learner rather than the teacher.

5. Why teach grammar?

Rogers' title "What's theory got to do with it?" would serve equally as a section heading here: it is widely recognised that traditional pedagogical grammar has little to do with linguistic approaches to grammar: the tendency now is to integrate findings in grammatical theory and apply them to pedagogical grammars and teaching practice.

The sub-text to all the approaches to language teaching we have outlined so far is that we cannot afford to ignore theoretical linguistics, and that applied linguistics bridges the gap between the theory and the language teaching situation.

In their comparative work, both Ervin-Tripp (1974) and Bautier-Castaing (1977), among others, concluded that learning strategies and order of acquisition were broadly similar for L1 (first language) and L2 (second language); this idea is now disputed (Hawkins and Towell, infra). Gasser (1990, 189) highlights three types of differences:

1. L1 patterns may transfer to L2 (and vice versa).
2. Neurophysiological changes or cognitive developments not related specifically to language may limit the learner's ability to acquire language or may predispose the learner to particular acquisition strategies.
3. Contextual factors, such as the acquisition setting or the communicative demands placed on the learner, may affect acquisition.

However, the question of differences between L2 and L3 learners enables us to gain insights into second language acquisition of more than one language, which conjures up slightly different problems. Jean-Marc Dewaele's study compares L2 and L3 learners of French in Belgium (L2 learners having started studying French as a foreign language earlier than L3 learners who opted for another language at the start of their schooling). He demonstrates, unsurprisingly and reassuringly perhaps, that L2 learners are better than L3 learners, and shows that the area most affected by length and intensity of formal instruction is that of morphosyntax. He concludes that grammatical information needs to be fully integrated into the presentation of new lexical items, so learners will have the tools to manipulate that lexicon. This links in with Thatcher's observation that both vocabulary acquisition and sentence grammar can be reinforced by textual analysis.

Roger Hawkins and Richard Towell, after reviewing the arguments that have been used against grammar teaching, point out that they have mostly arisen from the assumption that first and second language learning involve similar processes. They argue that, if some aspects of learning are similar in the two contexts, there are also some fundamental differences between the two processes, due to the fact that there is a critical period for the acquisition of language, and that after that period, other non-language specific central processes of the brain take over some aspects of the building of a mental representation of the foreign language.

This evidence would support the importance of explicit grammar input in second and foreign language learning. The crux of the matter is perhaps best summed up in the question which appeared as an article title: "Is second language learning like the first?" (Ervin-Tripp, 1974). Hawkins and Towell conclude by reminding us that we cannot expect L2 learners to be like native speakers, as most of them will never achieve the same degree of competence in the target language.

6. Conclusion

All the authors in this volume share one belief: that grammar teaching is important. Looking at the problem from very different angles, ranging from purely pedagogical to psycholinguistic, many of the papers argue that we do need to teach grammar, but somewhat differently than has been the case. Grammar needs to be integrated within a communicative syllabus, in order to show how the system as a whole works, rather than being presented in the form of lists of exceptions and snippets of fragmentary information. Grammar builds the bridge between sounds and meaning; it is an essential element in any act of communication, but it is not to be divorced from the other elements which learners need in order to become proficient second language users.

References

Alderson, J.C. and Steel, D. (1993) *Metalinguistic Knowledge, Language Aptitude and Language Proficiency*, CRILE Occasional Reports No. 5.

Baker, C. (1993) *Foundations of Bilingual Education and Bilingualism*, Multilingual Matters.

Bautier-Castaing, E. (1977) "Modèles syntaxiques et stratégies d'apprentissage", *Le français dans le monde*, 129, pp.54-9.

Bley-Vroman, R. (1989) "The logical problem of foreign language learning." In Gass, S. and Schachter, J. (eds), *Linguistic Perspectives on second language acquisition*, Cambridge University Press, pp.41-68.

Chomsky, N. (1959) "Review of B.F. Skinner *Verbal Behavior*", *Language*, 35, pp.26-58.

Ellis, R. (1994) *The Study of Second Language Acquisition*, OUP.
Ervin-Tripp, S.M. (1974) "Is second language learning like the first", *TESOL Quarterly*, 8,2, pp.111-27.

Fotos, S., and Ellis, R. (1991) "Communicating about grammar: a task-based approach", *TESOL Quarterly*, 25,4, pp.605-28.

Garrett, N. (1986) "The problem with grammar: what kind can the language learner use?", *The Modern Language Journal*, 70,ii, pp.133-48.

Gasser, M. (1990) "Connectionism and universals of second language acquisition", *Studies in Second Language Acquisition*, 12,2, pp.179-99.

Harley, B. (1994) "Teaching grammatical gender in French to primary immersion students", paper presented at the AFLS Conference, Southampton.

Metcalfe, P., Laurillard, D. and Mason, R. (1995) "The decline of written accuracy in pupils' use of French verbs", *Language Learning Journal*, 12, pp.47-50.

Sharwood Smith, M. (1988) "Consciousness raising and the second language learner", in Rutherford, W. and Sharwood Smith, M. (eds.) *Grammar and*

Second Language Teaching: a book of readings, Newbury House.

Sharwood Smith, M. (1993) "Input enhancement in instructed SLA", *Studies in Second Language Acquisition*, 15,2, pp.165-79.

Skinner, B. (1957) *Verbal Behavior,* Appleton-Century-Crofts.

Steel, D. and Alderson, C. (1994) "Metalinguistic Knowledge, Language Aptitude and Language Proficiency". In Graddol, D. and Thomas, S. (eds) *Language in a Changing Europe*, BAAL and Multilingual Matters, pp.92-103.

Wright, M., and Craig, O. (1995) "L'enseignement de la grammaire", *Francophonie*, 11, pp.25-8.

What's theory got to do with it? Grammar and Communication in L2 Acquisition

Margaret Rogers, University of Surrey

Introduction

There is currently a fairly widespread perception among teachers of foreign languages in UK higher education (HE) that grammatical standards among incoming students have been in steady decline for some years (cf. for instance, Sheppard, 1993). By standards, I mean students' grammatical knowledge as well as their use of grammar - the distinction is not often acknowledged in the rhetoric. This "deteriorating standards" view is not confined to any foreign language in particular, but appears to be generic. The commonest explanation offered for this apparent decline is the change in examination practice at 16+ (from GCE O-Level to GCSE), and to a lesser extent at 18+ (Advanced Level GCE).

A concern with both communication and grammatical standards is certainly not new. While the changes in 16+ and 18+ examinations reflect changes in syllabus design and teaching methods which had been emerging through the 1970s and 1980s, somewhat surprisingly the new approach, normally known by the umbrella term "communicative language teaching", shared many of the priorities of one of its late nineteenth-century predecessors, the "reform movement", which was closely associated with the "direct method" and the "natural method" (Mackey, 1965, 151-2; Stern, 1983, 456-60). The reforms involved a shift away from the literary and mind-training aspects of the grammar-translation method towards everyday spoken language. Language-teaching techniques aimed to eliminate translation and the use of the first language, and to place the emphasis on speech, and the use of play and activity. It is well known that the modern-day communicative approach also puts considerable emphasis on developing oral and aural skills in everyday language, and less on writing. However, recent criticisms of grammatical standards in written production at A-level and in first-year university students are reminiscent of much earlier views on grammar and its role in foreign-language teaching, more consonant with the grammar-translation method than with a communicative approach.

In this paper, it will be argued that a preferred solution to that of superimposing traditional notions of grammar on a communicative approach can be found in the integration of grammar into the communicative syllabus. This would also reflect a more accurate understanding of the sociolinguistic notion of "communicative competence" on which the twentieth-century communicative approach is partially based. The relationship between communicative language teaching and grammar will be examined from a number of perspectives encompassing both secondary and higher education, and including modern-day examining practice at A-level, error data from first-year university students, the relationship between learning and teaching, and the sociolinguistic and philosophical origins of the communicative approach, which have much more to say about language *use* than about language *learning*. The language of illustration will be German.

A historical perspective: grammar is good for you (or: if it inflects, correct it!)

The current debate about grammatical standards in foreign-language performance can usefully be considered in a historical context. As we shall see, some current views on grammar and its pedagogical role can be traced back to nineteenth-century thinking. There is, for instance, a popular assumption that the teaching of grammar in a foreign language has an improving effect on first language performance, and furthermore, that a good knowledge of grammar leads to clear thinking. Grammar is therefore, the argument goes, to be recommended for the benefit of what we now call "transferable skills", a view that has also long been evident in expert circles. A *Report of the Schools Enquiry Commission* of 1868, for example, praised the superiority of German over French since it was considered better for teaching "grammar" (reported in Perren, 1976, 120):

> German has [...] in a less degree than French the claim of practical utility; but in another respect it must be ranked higher, for its numerous

inflections peculiarly adapt it for teaching grammar; and for that purpose it would stand next to Latin.

In the immediate post-war situation the view that grammar is somehow "good for you" was still current, according to a publication of the Incorporated Association of Assistant Masters in Secondary Schools on the teaching of modern languages (IAAM, 1949, 18):

> [The student's] struggles for accuracy in grammar and idiom will help to form habits of careful thought which will serve him all his life.

More recently, an updated edition has relinquished the view that training in grammar is transferable to problem-solving in other areas, but retains the view that foreign-language proficiency aids first-language performance in some way (IAAM, 1967, 4):

> the search for clarity of expression in [French] is reflected in the student's use of his own national idiom.

While such views sit quite comfortably with the mind-training objective of the grammar-translation method (cf. Stern, 1983, 454), they are not consistent with the objectives set by a communicative approach to language teaching. And yet, the value of grammar may still be judged according to this objective, as illustrated by the 1994 Northern Examinations and Assessment Board (NEAB) syllabus for French and German, which states that: "The study of a foreign language" - by which could be understood the study of grammar - "aids intellectual discipline" (NEAB, n.d., 345).

Moreover, the notion that certain languages might be better than others for teaching "grammar" has also unexpectedly survived into the communicative 1990s, as shown by the following comment taken from the Joint Matriculation Board (JMB) Examiners' Reports for A-level German for 1991 (JMB, 1992, 46):

> Too many weaker candidates ignored the fact that German is a more structured language than English.

But what exactly is meant by "grammar"? A common understanding is: "The system by which the words and morphemes of a language are organized into larger units, particularly into sentences [...]" (Trask, 1993, 121-2). In other words, grammar encompasses - in the parlance of modern linguistics - both morphology and syntax. By contrast, in the view of many foreign-language pedagogues, grammar has a very strong association with morphology, and in particular with inflectional morphology, usually interpreted as nominal morphology in German. This is indicated, for instance, in a comment by the Assistant Masters (IAAM, 1967, 6):

> Much grammatical knowledge, e.g. the function of case, can best be illustrated in an inflected language.

In fact, the wording of many comments to be found in contemporary A-level examiners' reports from a number of boards indicates an equally narrow understanding of what grammar is. Remarks of the following kind are not uncommon, showing that syntax is considered to be additional to "grammar":

> NEAB 1994 Syllabus (NEAB, n.d., 346):

> The following abilities will be tested in relation to the candidate's spoken German:
> (a) [....]
> (q) to handle competently the necessary *grammar and syntax* implicit in the above list of skills (emphasis added).

> Associated Examining Board Examiner's Report on written German, Paper 3 (AEB, 1992, 21-2):

> Most problems were caused by lack of accuracy but this inaccuracy could itself be separated into *grammatical and syntactical inaccuracy* on the one hand and sheer inaccurate learning or carelessness on the other (emphasis added).

However, the concern with grammar, and the interpretation of this as (inflectional) morphology reaches back beyond the introduction of communicative language teaching in schools, suggesting that the issue is a more long-standing one. In the 1970s, for instance, the Conference of University Teachers of German in Great Britain and Ireland (CUTG) published a booklet designed primarily as a guide to teachers advising aspiring students (*German Language from School to University*, 1977). The motivation for this initiative was "a widespread concern at a lack of what may broadly be called respect for language in recent years". The report aims to advise on "main weaknesses" and "learning strategies". Six so-called "main areas of weakness" are identified, showing what appears to be a disproportionate concern with inflectional morphology and orthography at the cost of syntax:

1. Gender, number, case: of nouns, pronouns, adjectives, articles (or equivalents)
2. Verbs and verb structures
3. The adverbial component
4. The importance of prepositions
5. The importance of punctuation
6. The ß symbol

The report is based on the collective experience of the contributors and their teacher advisors rather than on any systematic study of learner performance. A jump forward by 10 years or so reveals interesting if somewhat surprising similarities in the understanding of what grammar is about. The "Structures and Grammar" section of the GCSE syllabus for German of the Southern Examining Group is, as Rosamond Mitchell points out (Mitchell, 1994), almost exclusively based on the traditional scheme of parts of speech, leaving teachers with the impression that grammar has all to do with morphology and very little to do with sentences or text. The connections with other parts of the syllabus (such as Language Functions and General Notions) are at best unclear and at worst non-existent. As Canale and Swain (1980, 6)[1] pointed out some 15 years ago in their well-known paper on the theoretical bases of communicative language teaching and testing:

> if a communicative approach to second language teaching is adopted, then principles of syllabus design *must integrate* aspects of both grammatical competence and sociolinguistic competence (authors' emphasis).

The confusion about the relationship between grammar and communicative competence shown in the GCSE syllabus is also reflected in A-level Chief Examiners' reports, in A-level marking criteria, and, most worryingly, in the new subject core for modern foreign languages (School Curriculum and Assessment Authority, December, 1993) (cf. Rogers, forthcoming, for further discussion).

So far, I have been careful not to accept the premise that standards of grammar have declined. In the next section, we look at some sources of evidence which may help to show whether the premise is indeed correct.

Grammatical standards: what is the evidence?

Criticisms of syllabuses, examiners' reports and policy documents notwithstanding, an analysis of learner performance in German does, nevertheless, suggest that errors of inflectional morphology account for a substantial number of errors. In an error analysis of 26 examination essays written by first-year university German students (post-A level) and totalling 14,534 words, over 20% of errors (total error corpus: 698) were errors of inflectional morphology (Rogers, 1984). The total number of morphological errors was, however, matched by the number of syntax errors, respectively 35.0% and 34.5%, the so-called "main weaknesses" of the CUTG report accounting for under half the errors noted.

Table 1 below compares, as far as the data allows, the "weaknesses" identified in the CUTG report and the error frequency distribution in this sample:

Table 1: The distribution of errors made by English native speakers in German essays (Rogers, 1984) according to the "main areas of weakness" identified in a report of the Conference of University Teachers of German in Great Britain and Ireland (1977)

German Language from School to University (1977): "Main areas of weakness"	Rogers (1984) Error category	Relative frequency f/N (N=698)
1. Gender, number, case: of nouns, pronouns, adjectives, articles	adjective endings	4.70%
	noun inflections	17.20%
	pronoun selection	1.29%
	indefinite pronouns	0.57%
TOTAL		23.76%
2. Verbs and verb structures	verb (reflexives; tense; prefixes; passive)	4.40%
	verb placement	2.87%
TOTAL	verb conjugation and concord	3.30%
		10.57%
3. The adverbial component\	not separately recorded	
TOTAL		?
4. The importance of prepositions	choice of preposition	6.30%
	case selection	3.58%
TOTAL		9.89%
5. The importance of punctuation	no data	
TOTAL		?
6. The ß symbol	confusion of ss/ß	
TOTAL		1.15%
	TOTAL PERCENTAGE OF ERRORS COVERED BY "MAIN WEAKNESSES"	45.36%

It seems then, measured against the data in the sample discussed, that the intuitive judgements of the "main" difficulties faced by English learners of German are too narrowly focused, reflecting a disproportionate concern with morphology. However, the question also arises of how cross-sectional frequency error data of this kind is to be interpreted. Such snapshots in time say nothing (if presented simply as frequency distributions) about longer-term development, and therefore, little, if anything, about learning processes. They are also unlikely to reveal anything about production strategies such as which structures are being "avoided" (cf. Schachter, 1974). And, of course, the frequency of errors is likely to be closely related to the frequency of the linguistic contexts which give rise to those errors. In a language such as German, decisions about inflectional morphology are taken every time a noun or a verb is used and are hard to avoid. Hence, such errors are likely, as a group, to be more salient to the language teacher and the examiner.

Indeed, a more recent study of 41 first-year university students' written German (McCulloch, 1994) comes to the conclusion that:

> the average A-level German student will manage to translate correctly and idiomatically, with due regard to the niceties of *case, gender, tense* and *number*, less than 25% of the relatively unsophisticated utterances required by the [translation] test (emphasis added).

Interestingly, when the detailed analysis of the errors is reviewed in McCulloch's study, it also reveals structural difficulties such as subject/object confusion and poor handling of relative clauses, as acknowledged elsewhere in the report. McCulloch notes, for instance, errors of the following kind from first-year students (A-level grades are given in parenthesis):

> *I did not recognise you when I saw you yesterday*
> Ich habe du nicht erkennt, als ich du gestern sah (Grade C)
> Ich habe du nicht gestern gekennt, als ich dir gesehen habe (Grade B)
> Ich kenne dir nicht, wenn ich gestern dich gesehen habe (Grade C)

> *The man I saw is a friend of my sister*
> Den Mann, den ich einen Freund meiner Schwester ist sah (Grade C)
> Den Man, daß ich gesehen habe ist ein Freunde von meiner Schwester (Grade D)
> Der Mann ist ein freund von meiner Schwester, der ich gesehen habe (Grade C)

The question then arises: what are the main problems and how can they be solved? Although many errors may be correctly classified as morphological in so far as particular forms are concerned, these errors are often the symptoms of deeper structural misunderstandings, such as the different role of word order in German and English, as well as the result of difficulties in applying knowledge about the language system to language use. Can we then fix them by returning to the grammatical paradigm? It seems unlikely, particularly if we note the remark of one German A-level examiner for the London Examinations Board that candidates sometimes wrote tables of adjective endings into their scripts, but still failed to apply them in their answers (London, 1992, 13). But if we continue to perceive grammar predominantly as inflectional morphology, and failure to use it correctly as "carelessness" (e.g. AEB, 1992, 21-2; University of Oxford Delegacy, 1992, 26; NEAB, 1993, 15), then we are likely to continue seeking pedagogical solutions which are too narrow and inappropriate.

What has teaching got to do with learning?

Teachers often assume a strong connection between what they teach and what students can be expected to learn, leading to frustrated laments of the following kind when expectations are not met (Ellis, 1984, vii):

> Although it was apparent to me that my students tended to reproduce certain types of error irrespective of the teaching I provided, I stuck to my teacher-centred view of things and went on providing more of the same. I assumed that if only I could get the teaching right, the students would learn.

The connection between teaching and learning is not, however, as straightforward as Ellis' early expectations led him to believe. One of the reasons for such high expectations may be that teaching, rather than learning, has long been the focus of attention, not just during the nineteenth and twentieth centuries, but dating back to Antiquity (cf., for instance, Kelly, 1969; Stern, 1983, 78-80). Language learning, on the other hand, has received far less explicit attention through the centuries, and indeed, has only begun to emerge from its confusion with language teaching in the last two decades (cf. Selinker, 1972, 209-10). So-called "theories" of classroom language learning have often been little more than new approaches to language teaching which derived their claimed legitimacy from a number of different sources, including, notably, various linguistic descriptions.

Traditionally, foreign-language teachers have assumed a more or less direct causative relationship between teaching and learning with an almost Cartesian faith: I teach therefore you learn. In other words, teaching must lead to learning. Such a view may turn out to encourage learner-based rather than teacher-based explanations of failures to learn: once conscientious teachers have tried all the ways they know to correct a persistent error, "explanations" are likely to focus on various negative learner attributes, including carelessness, forgetfulness, lack of effort, lack of ability, and so on (Cohen and Robbins, 1976, 48; Garrett, 1982, 40). This is still familiar territory, as A-level examiners' reports amply illustrate (cf. above and Rogers, forthcoming). The optimistic causative view of the teaching-learning relationship is viewed rather more cautiously elsewhere. The well-known pedagogue and academic Wilga Rivers describes teaching more modestly as "the teacher's contribution to language learning" (Rivers, 1983, 2). Ellis (1989, 305) describes teaching as "the external manipulation of the input", thereby avoiding any claims about what the learner actually extracts from this as "intake"; and Klein (1986, 19) realistically suggests that "the human language learning ability resists the various methods of instruction to varying degrees". These modified views of teaching suggest that the learner is cognitively more active than the causative view of teaching assumes.

But if we stop to think for a moment, it is actually surprising that teachers have had such high expectations of teaching syllabuses and methods, since these were based neither on a theory of language pedagogy, nor on a theory of language learning. Even early attempts to provide a "scientific basis" for the teaching syllabus - such as the Contrastive Analysis Hypothesis (cf. Lado, 1957) - took little serious account of teaching and learning as separate though related activities. The structural basis of syllabuses was simply provided by the ascendant linguistic theory, rather than by the more traditional grammatical notions of other text books, combined with certain general assumptions about learning. In the communicative paradigm, we have yet further sources of pedagogical inspiration - sociolinguistics and the philosophy of language - in which issues concerning the relationship between language use and language learning also arise. But let us first look at some ways in which the teaching of grammar has been approached in the light of suggestions about language learning.

What has learning got to do with teaching?

There have been various attempts to shape the pedagogical treatment of grammar. On the one hand, researchers have looked at how languages work and how they relate to each other, and on the other hand, at how learners learn. A major concern has been defining notions of ease and difficulty for the learner, either as a consequence of L1-L2 formal, and occasionally cultural contrasts, or as a consequence of developmental sequences relating to untutored acquisition (of a second language) or, less often, to classroom learning (of a foreign language). While text books have been produced on the basis of structural contrasts[2], to my knowledge, no attempt has been made to design a course according to developmental evidence[3]. After all, this presupposes that such evidence is readily and comprehensively available, which it is not.

Nevertheless, it is still possible to examine particular areas of grammar in order to see whether teaching practice is consistent with learning development, an issue which is usually only addressed by teachers and course writers intuitively or experientially. We will look at one aspect of pedagogy here, namely the sequencing of structures in a syllabus. The framework for this is provided by Pienemann's notion of "teachability" (Pienemann, 1985; Pienemann, 1989), which can be viewed as an attempt to resolve the problem of how to relate evidence about learning to pedagogical strategies in the foreign-language classroom, particularly in relation to points of syntax. Pienemann's "teachability" model suggests a kind of minimal critical period for instruction, *before* which it is of no use. The time at which instruction may be optimally effective is, according to Pienemann, determined by the degree of match between the stage of the learner's developing L2 - or "interlanguage" (Selinker, 1972) - and the point at which the structure is acquired in the natural setting. Only if these two are close can language acquisition be promoted by instruction, according to Pienemann.

An example of this can be provided by looking at the rather complex question of German word order for which there are arguably four "patterns" in finite clauses, depending on the status of the clause (main or subordinate), the nature of the verb (consisting of one or more parts), and whether main clauses start with a subject or a non-subject. The following examples illustrate these different "patterns":

(1) Das Kind *ißt* den Kuchen   *BASIC ORDER*
    the child eats the cake

(2) Das Kind *hat* den Kuchen *gegessen*   *VERB SEPARATION*
     The child has the cake eaten   *(Aux)*

(3) Gestern *aβ* das Kind den Kuchen   *SUBJECT-VERB*
     Yesterday ate the child the cake   *INVERSION*

(4) Ich weiß, daß das Kind den Kuchen *aβ*   *VERB END IN*
     I know that the child the cake ate   *SUB CLAUSE*

Research with Romance learners of German as a second language (Zweitspracherwerb italienischer und spanischer Arbeiter - ZISA, Clahsen, Meisel and Pienemann, 1983) has established a widely-acknowledged sequence of acquisition for these word order patterns. The sequence - including some interlanguage structures - can be glossed as follows:

I	single constituent phase (interlanguage structure)
II	fixed basic order
III	preposed adverb + fixed basic order (interlanguage structure)
IV	verb separation in main clauses
	(modals and auxiliaries before separable verbs)
V	subject-verb inversion
VI	adverbs integrated into main clause
VII	verb at the end of subordinate clause

Other researchers have looked at this naturally-acquired order and asked whether classroom learners follow it as well. Ellis (1989), for instance, has studied adult *ab initio* students of German as a foreign language in the UK with a range of L1s. His study was concerned with three word order patterns, namely subject-verb inversion, verb separation in main clauses, and placing the verb at the end of subordinate clauses. He found that formal instruction, including different sequences of presentation, does not affect the order of acquisition - a promising result for Pienemann's ideas about teachability, since it suggests that learners will only acquire a structure when they are developmentally ready to do so. But in which order are these structures usually taught?

Table 2 below (following Rogers, 1994, 148) shows the order in which German word order patterns are presented in a sample of text books, compared with the order in which they are naturally acquired and the order in which Pienemann therefore says they are "teachable". The sequencing in the six text books investigated - dating from 1907 to 1979[4] - was found to be remarkably consistent:

Table 2: A comparison of the order of teaching objectives in six selected text books of German and developmental order after ZISA (Clahsen *et al.*, 1983)

	ORDER OF TEACHING OBJECTIVES	DEVELOPMENTAL ORDER (after ZISA)
1	Basic SVO	II
2	Inversion	V
3/4	Verb Separation* (separable verb + particle; modal + infinitive)	IVa (modal + infinitive) IVb (sep. verb + particle)
5	Verb-end* (all clause types, or a selected type)	VII
6	Verb Separation (Auxiliary + past participle)	IVa (aux. + past participle)
7	Verb-end (for remaining subordinate clause types not covered under 5)	VII

Notes:
*   with the exception of one text book

Two main discrepancies emerge between the sequencing of the syllabuses and the developmental order. First, the text books require that subject-verb inversion be taught before verb separation, whereas the natural, or untutored order of acquisition is the reverse. And secondly, in an untutored situation, the context in which verb separation is acquired last is that of separable verbs such as *aufessen* ("to eat up") (*Das Kind ißt den Kuchen auf*). Yet text books place it earlier than the apparently easier past tense structure consisting of the auxiliary plus the past participle (*Das Kind hat den Kuchen aufgegessen*). Perhaps text-book writers have postponed the past tense structure because of the inflectional difficulties often associated with past participles.

To sum up, it seems that intuitive ideas about the sequencing of these word order patterns in the syllabus, while not too far away from the so-called natural order, are nevertheless different in at least two respects. We should therefore consider the possibility that we are in some respects not easing the learner's way along the grammatical path as much as we could, if we accept that sequences of learning have some value in informing our teaching.

Does this suggest a return to the traditional principle of foreign-language syllabus design, fashioned around grammatical topics, the difference now being that the order of presentation would be determined by evidence about learning? Not necessarily. In fact, sequencing of the kind suggested here is not incompatible with a communicative approach to language teaching, since sequencing says nothing about teaching strategies and does not preclude the use by teachers of certain structures before they become an explicit teaching objective.

Communicative language teaching and grammar

The communicatively-oriented syllabus originates from the Council of Europe threshold project (van Ek, 1976; cf. also Brumfit and Johnson, 1979; Littlewood, 1981). The focus of attention in such syllabuses is not on the formal system of language, but on its use in certain situations (of relevance to the learner) to express certain functions (e.g. asking questions, getting information) and notions (e.g. time, quantity, space). This broad approach has been particularly influential in the UK in secondary education, as the syllabuses of the principal examination boards demonstrate (Mitchell, 1994).

In general, there is a greater tolerance of grammatical error in the communicative approach than in former approaches, where the formal language system, or grammar, was the explicit or implicit basis of the syllabus. But this greater tolerance - against which teachers in HE now seem to be reacting - does not derive from a developmental view of L2 acquisition ("don't teach it or correct it until they're ready"), but from the increased importance attached to higher level pragmatic skills. Indeed, communicatively-based language teaching owes much to the sociolinguistic notion of "communicative competence" (Hymes, 1972) and to the philosophical notion of "speech acts" (Searle, 1969, 1972) but little, if anything, to psycholinguistic evidence about the nature of language learning.

It is often assumed that communicative competence and knowledge of the formal language system or what might be called "grammatical competence" are not necessarily connected, but this would be a misrepresentation of Hymes' original concept. Hymes wished to broaden the notion of "competence" beyond grammar as a reaction against Chomsky's understanding of competence as the knowledge of "an ideal speaker-listener, in a completely homogeneous speech community" (Chomsky, 1965, 3). Competence, the primary concern of linguistic theory, is said to underlly performance. But Hymes wanted to account for the possibility that our knowledge of language encompasses its variable use in different situations, particularly in social interaction. Hence, he included in his notion of communicative competence some of the factors which Chomsky had considered irrelevant to grammar such as memory limitations, appropriacy and probabilistic considerations, all of which relate to the use of the language system. However, he also included knowledge of the formal linguistic system.

Of these four components - the formal possibility of an utterance (its conformity with the language system); its feasibility (e.g. in terms of memory or processing capacity); its appropriacy in relation to a context; and its probability of use - the two which seem to have had the greatest influence on communicative foreign-language teaching are appropriacy and probability. What is taught is context-specific, not a decontextualised code. And what is taught is not formally driven, but determined by its use or non-use. Accordingly, there is no point in teaching a complete grammatical paradigm or applying it comprehensively if typically native speakers do not use the whole paradigm or use parts of it only in certain restricted situations. The imperfect subjunctive in German is a good illustration of this: its use is generally restricted to auxiliaries and modals, and a small set of frequent verbs, unless used in very formal written contexts. Many verbs hardly ever appear in this form (cf. Drosdowski, 1984, 171): it would be very unusual, for instance, to say or even write *genösse*, the imperfect subjunctive of the verb *genießen* ("enjoy"), but rather *würde genießen*, although formally these forms are in free variation.

The fact that prominence was, as we have seen, given to considerations of appropriacy and probability led to the other two components, most notably grammar, being neglected. Soon, however, there began to emerge in the literature on communicative language teaching an acknowledgement that form-oriented activities need to precede message-oriented activities if effective communication is to take place (Dodson, 1978, 48-9; Hawkins, 1981, 213-4; 246-7, 252-72; Littlewood, 1981, 16), reflecting more accurately Hymes' idea that communicative competence implies grammatical competence. But in practice, it seems that the notion of communicative competence has been minimally interpreted - to use Rosamond Mitchell's phrase - in the early stages of language teaching, resulting in "rote learning of a cluster of holophrases useful for everyday survival" (Mitchell, 1994, 97). It seems therefore that the utterances of those students who have been taught through a communicative approach may be relatively unanalysed. It remains to be seen whether those learners are subsequently able to use language innovatively, or whether the early patterns of a formulaic learning persist in some cases, and if they do, whether such problems are due to communicative methods of teaching.

The second influence on the communicative approach which has been mentioned is Searle's Speech Act Theory. In a typical speech situation, the "illocutionary acts" which the speaker will perform include: state, assert, describe, warn, remark, comment, command, order, request, criticise, apologise, and so on (Searle, 1972, 136). The 1988 GCSE syllabus for the Southern Examining Group (SEG) - the first year of operation for the GCSE - provides a good example. The Functions section of the syllabus states that (SEG, 1988):

> Communication is envisaged as incorporating the ability to understand, respond to and use the foreign language (in relation to the topics and settings specified above) for the purposes [ie functions] indicated [...].

Examples of functions as given in the syllabus include: giving/seeking information, e.g. *Nein, das stimmt nicht* (denying a simple proposition); socialising, e.g. *(Es) tut mir (aber) leid* (apologising); getting things done, e.g. *Bitte rufen Sie doch Herrn May an!* (directing); stating what you think and finding out what others think, e.g. *Hast du 'was dagegen?* (finding out if others agree); stating and finding out feelings, emotions, intentions, e.g. *Das gefällt mir sehr (gut)/prima...* (stating pleasure)[5].

These are the kind of frequently-occurring expressions which Mitchell (cf. above) has suggested may remain unanalysed holophrases. Viewed from another perspective, however, they represent an attempt to move away from the stilted utterances of the pseudo-dialogues of earlier methods, such as the audio-visual approach of the 1960s and 1970s, towards more authentic language and situations. One widely-used course for German (*Vorwärts*) had the stated aims of "teaching pupils to communicate in German" and "introducing pupils to the life and customs of German-speaking people" (Nuffield, 1968, 5). But in many course books, grammar turned out to be the hidden agenda beneath the attempt at communication (cf. for example, Krüger, 1981, 34 ff. for a discussion). A dialogue in *Vorwärts*, for instance, is ostensibly concerned with a road accident, but its real purpose soon becomes clear through an unnatural concentration of genitive noun phrases (Schools Council, 1973, 4):

| Polizei-Inspektor | Haben Sie den Namen und die Adresse des Mannes? Haben Sie auch die Nummer des Autos? |
| Polizist | Ja, Herr Inspektor. Aber den Namen des Fräuleins habe ich nicht... |

Such "dialogues" - attempts at presenting grammar in context - turn out not to be like real communication at all because they do a number of things which are not normally part of the way language is used in the world outside the language classroom. For instance, they ask questions to which the answer is already known (e.g. *Wie heißt du?*); they tell people something they already know (e.g. *Berlin ist in Deutschland*); and they show a lack of coherence, exhibiting non-sequiturs in conversation. In the following extract, Herr Schilling, the pharmacist, has just dispensed some tablets to Frau Wagner, a customer; his son, Klaus, asks who she was (*Vorwärts*, Nuffield, 1969, 16):

Herr Schilling:	Das war Frau Wagner
	Sie kann nicht schlafen
Klaus:	Das tut mir leid
	Vati, kann ich ins Kino gehen?

The sudden switch of topic from Frau Wagner's health to asking permission to go to the pictures is not coherent in discourse terms, and only becomes comprehensible when it is realised that the "dialogue" is actually about practising the modal verb *können* ("to be able"). Even with its hidden grammatical agenda, however, the audio-visual approach, the main predecessor of the communicative approach in the UK, seems not to have been a great deal more successful in producing grammatically-proficient learners, judging by the comments of the Conference of University Teachers of German in 1977 (cf. above and CUTG, 1977).

The question remains, however, of whether language teaching can ever be truly communicative or "authentic" inside the classroom. Searle actually contrasted what he called "serious utterances" with a number of activities which use language, including play acting, reciting poems, practising pronunciation, and language teaching (Searle, 1969, 57). It is certainly the case that the utterances shown above do not have a "meaning" as this is conventionally understood outside the classroom context. What teachers intend, for instance, in asking a student's name in German when they already know it is to establish whether the student can produce the 1st person singular form of the verb *heißen* ("to be called") in the present tense. So, although a request for information is apparently being made, the intention of the teacher is different in the classroom from what would be expected in a "serious" communication. So are the utterances in "communicative" courses more "serious"?

Communicative teaching methods have indeed attempted to remedy some of the more obvious weaknesses such as asking questions to which the answer is already known: the use of information gaps in pair work, for instance, is a well-known technique in the communicative classroom. Learners are now also encouraged to talk to each other, not just to the teacher, regardless of how many uncorrected errors they may make. But many exercises in communicatively-based course books still bear little relation to the kinds of things people do with language outside the classroom. Such exercises include: gap-filling in written texts, making sentences from keywords, completing sentences, matching sentence halves, assigning captions to cartoons from a given selection, and memorisation (cf. Neuner, Krüger and Grewer, 1981, 43-140 for a typology of exercises). In other words, and rather unsurprisingly, many activities in the communicative classroom still fall outside Searle's definition of "serious communication". What seems to have changed compared to previous approaches is that these "rehearsals for meaning" tend to deal with chunks of language rather than with individual words and that the language used is more typical of everyday speech.

Grammar: what now?

In this paper we have seen that communicative language teaching has its theoretical roots in sociolinguistics and the philosophy of language, i.e. in models of language *use*. The assumption that language use in a classroom context will lead to language learning cannot be justified on the basis of these theoretical origins, since neither says anything about the relationship between use and learning. Furthermore, the original ideas have undergone some changes in their adoption into foreign-language teaching.

On the one hand, the idea of communicative competence has been selectively treated: the focus of attention has been on appropriacy and probability, with considerations of language processing and, more crucially, grammar, being largely neglected. On the other hand, Searle's distinction between "*just* uttering sounds or making marks and performing an illocutionary act" (Searle, 1969, 42, author's emphasis) cannot be realised in many activities within language teaching - "communicative" or grammar-based - since these are still ultimately concerned with language as code, rather than language as communication, despite attempts at legitimation through contextual situations.

So what of the future? If the modern-language students who enter universities are to have a more rounded "communicative competence", more consistent with Hymes' original understanding, at least four factors need to be taken into account in future syllabus design and language-teaching techniques. First, the integration of grammar teaching into the communicative syllabus needs to be addressed, since long-surviving traditional notions of grammar and learning have rushed in to fill the gap left by this omission. Secondly, what we might view as the reinstatement of grammar as a part of communicative competence need not lead back to syllabuses which are driven by wholly formal considerations, nor to teaching methods which return to decontextualised rote learning. But since the communicative approach has no principled way of determining ease or difficulty of learning, for this we need to look to psycholinguistics for evidence of how learners learn, and to ways of relating this to pedagogical practice. An example of this was provided by Pienemann's teachability hypothesis. Thirdly, it seems sensible to abandon the illusion that the language-teaching classroom can be an entirely authentic reproduction of language use outside this context. This does not mean that authentic materials should be jettisoned, simply that language teaching needs to be recognised as a special use of language which may at times be different from the "real thing" in purpose and realisation. And finally, we need to know more about the kind of language *use* which is optimal in the classroom in order to "ensure, facilitate or trigger" (cf. Ellis 1990, 126) language *learning*.

To conclude, it is worth acknowledging the contribution which communicative language teaching is reported to have made to stimulating interest in foreign-language learning, particularly in secondary education. In the longer term, the importance of this should not be underestimated, since motivation has been shown to be a significant factor in successful language learning.

References

Associated Examining Board (1992) *Reports of Examiners. June Examination 1992. French, German and Spanish. Advanced Level/Advanced Supplementary.*

Brumfit, C.J. and Johnson, K. (eds.) (1979) *The Communicative Approach to Language Teaching*, Oxford, Oxford University Press.

Canale, M. and Swain, M. (1980) "Theoretical bases of communicative approaches to second language teaching and testing", *Applied Linguistics* , 1/1, pp.1-47.

Chomsky, N. (1965) *Aspects of the Theory of Syntax*, Cambridge, MA, MIT Press.

Clahsen, H., Meisel, J. and Pienemann, M. (1983) *Deutsch als Zweitsprache. Der Spracherwerb ausländischer Arbeiter*, Tübingen, Gunter Narr.

Cohen, A. and Robbins, M. (1976) "Towards assessing interlanguage performance: the relationship between selected errors, learners' characteristics, and the learners' explanations". *Language Learning*, 26/1, pp.45-66.

Conference of University Teachers of German in Great Britain and Ireland (1977) *German Language from School to University*. Cambridge.

Dodson, C. (1978) "The independent evaluator's report". In E. Price (ed.) *Bilingual Education in Wales 5-11*, London, Evans Brothers and Methuen Educational for the Schools Council, pp.47-53.

Drosdowski, G. (1984) *Duden Grammatik*, 4th edn., Mannheim, Bibliographisches Institut.

Ellis, R. (1984) *Classroom Second Language Development*, Oxford, Pergamon Press.

Ellis, R. (1989) "Are classroom and naturalistic acquisition the same? A study of the classroom acquisition of German word order rules", *Studies in Second Language Acquisition*, 11, pp.305-28.

Ellis, R. (1990) *Instructed Second Language Acquisition*, Oxford, Blackwell.

Garrett, C.M.B. (1982) *In Search of Interlanguage: A Study of Second Language Acquisition of German Syntax*. University of Illinois at Urbana-Champaign, PhD Dissertation.

Hawkins, E. (1981) *Modern Languages in the Curriculum*, Cambridge, CUP.

Hymes. D. (1972) "On communicative competence". In J. Gumperz, and D. Hymes. (eds.) *Directions in Sociolinguistics*, New York, Holt, Rhinehart and Winston, pp.269-93 (originally 1971).

Incorporated Association of Assistant Masters in Secondary Schools (1949) *The Teaching of Modern Languages*, London, University of London Press. (4th edn. 1967)

Joint Matriculation Board (1992) *GCE Examiners' Reports 1991 Modern Foreign Languages* (subsequently incorporated into the Northern Examinations and Assessment Board).

Kelly, L. (1969) *25 Centuries of Language Teaching*, Rowley, MA, Newbury House.

Klein, W. (1986) *Second Language Acquisition*, Cambridge, CUP.

Krüger, M. (1981) "Sozial- und Übungsformen im Fremdsprachenunterricht". In G. Neuner, M. Krüger and U. Grewer (eds.) *Übungstypologie zum kommunikativen Deutschunterricht*, Berlin, Langenscheidt, pp.29-42.

Lado, R. (1957) *Linguistics across Culture,*. Ann Arbor, University of Michigan Press.

Littlewood, W. (1981) *Communicative Language Teaching*, Cambridge, CUP.

London Examinations (1992) *Subject Report German (Advanced Supplementary and Advanced Level)*.

Mackey, W.F. (1965) *Language Teaching Analysis*, London, Longmans.

McCulloch, D. (1994) "After Sheppard, a closer look at the sheep". Unpublished ms.

Mitchell, R. (1994) "Grammar, syllabuses and teachers". In M. Bygate, A. Tonkyn and E. Williams (eds.) *Grammar and the Language Teacher*, New York, Prentice Hall, pp.90-104.

Neuner, G., Krüger, M. and Grewer, U. (eds.) *Übungstypologie zum kommunikativen Deutschunterricht*, Berlin, Langenscheidt.

Northern Examinations and Assessment Board (1993) *GCE 1993. Report on the Examination. German (Advanced; Advanced Supplementary; Special)*.

Northern Examinations and Assessment Board (n.d.) *General Certificate of Education Syllabus Offprints 1994 . Modern Foreign Languages*.

Nuffield Foundation (1968) *Vorwärts. Teacher's Book Stage 1A*, Leeds, Edward Arnold.

Nuffield Foundation (1969) *Vorwärts. Teacher's Book Stage 1B*, Leeds, Edward Arnold.

Perren, G.E. (1976) "An historical note on the teaching of German in Great Britain, 1800-1939", *German in the United Kingdom: Problems and Prospects*, CILT Reports and Papers, 13.

Pienemann, M. (1985) "Learnability and Syllabus Construction". In K. Hyltenstam and M. Pienemann (eds.) *Modelling and Assessing Second Language Acquisition.*, Clevedon, Multilingual Matters, pp.23-76.

Pienemann, M. (1989) "Is language teachable? Psycholinguistic Experiments and Hypotheses", *Applied Linguistics*, 10/1, pp.52-79.

Rivers, W.M. (1983) *Speaking in Many Tongues: Essays in Foreign Language Teaching*, 3rd edn. Cambridge, CUP.

Rogers, M.A. (1984) "On major types of written error in advanced students of German", *International Review of Applied Linguistics*, 22/1, pp.1-39.

Rogers, M.A. (1994) "German word order: a role for developmental and linguistic factors in L2 pedagogy". In M. Bygate, A. Tonkyn and E. Williams (eds.) *Grammar and the Language Teacher*, New York etc, Prentice Hall, pp.132-159.

Rogers, M.A. (forthcoming) "Modern Foreign Languages and curriculum policy at 16+: plus ça change". In H. Coleman and L. Cameron (eds.) *Change and Language*, Clevedon, Multilingual Matters, pp.52-63.

Schachter, J. (1974) "An error in error analysis", *Language Learning*, 24, pp.205-14.

School Curriculum and Assessment Authority (1993) *Subject Core for Modern Foreign Languages. GCE Advanced and Advanced Supplementary Examinations.*

Schools Council (1973) *Vorwärts. Schülerbuch Stage 4C*, Leeds, Edward Arnold.

Searle, J. (1969) *Speech Acts. An Essay in the Philosophy of Language*, Cambridge, CUP.

Searle, J. (1972) "What is a speech act?" In P.P. Giglioli (ed.) *Language and Social Context.*, Harmondsworth, Penguin, pp.136-54 (first published in 1965).

Selinker, L. (1972) "Interlanguage", *International Review of Applied Linguistics*, 10, pp.209-31.

Sheppard, R. (1993) "Getting down to brass syntax: German teaching and the Great Standards Debate", *German Teaching*, 8/Dec.1993, pp.2-9.

Southern Examining Group (1988) *Syllabus for the General Certificate of Secondary Education.*

Stern, H.H. (1983) *Fundamental Concepts of Language Teaching*, Oxford, OUP.

Stevenson, P. (1987) *An Outline of German Grammar*, Unpublished ms.

Towell, R. (1987) "A Discussion of the Psycholinguistic Bases for Communicative Language Teaching in a Foreign Language Teaching Situation", *British Journal of Language Teaching.* 25/2, pp.91-9.

Trask, R.L. (1993) *Dictionary of Grammatical Terms in Linguistics*, London, Routledge.

University of Oxford Delegacy of Local Examinations (1992) *Chief Examiners' Reports. Advanced Level. Modern Languages* Summer 1992.

Van Ek, J. (1976) *The Threshold Level for Modern Language Learning in Schools*, Strasbourg, Council of Europe.

Woods, R. (1990) "Die veränderte Rolle der Grammatik im universitären Deutschunterricht in Großbritannien". In H. Gross and K. Fischer (eds.) *Grammatikarbeit im Deutsch-als-Fremdsprache-Unterricht*, München, iudicium verlag, pp.181-197.

Notes

1. "Grammatical competence" is defined by Canale and Swain as "knowledge of the rules of grammar"; "sociolinguistic competence" is defined as "knowledge of the rules of language use" (1980, 6).

2. The Contrastive Structure Series (General Editor: Charles Ferguson), for example, was the result of a project by the University of Chicago Press to compare a number of languages with English for the benefit of teachers and text-book writers. Each language (including German) was represented by two volumes: one contrasting the sound systems and one contrasting the grammatical systems.

3. The status of evidence about foreign-language learning and use in relation to communicative language teaching has been usefully discussed elsewhere by Towell, 1987.

4. The textbooks investigated are:
Joerg, J.B. and Joerg, J.A. (1907) *A First German Course*, Cassell, London.
Anderson, W.E. (1955) (revised edition 1960) *Das schöne Deutschland*, Harrap, London
Braun, K., Nieder, L. and Schmöe, F. (1968) *Deutsch als Fremdsprache*, Klett, Stuttgart
Schäpers, R. (1972) *Deutsch 2000*, Band I, Hueber, München.
Nuffield Foundation (1974) *Vorwärts*, Kurzfassung.
Neuner, G., Schmidt, R., Wilms, H. and Zirkel, M. (1979) *Deutsch aktiv*, Band 1, Langenscheidt, Berlin.

5. While there are notable exceptions (e.g. a text-level functionally-oriented section in Stevenson's pedagogical grammar of German, Stevenson 1987), universities have on the whole been more conservative than schools in changing their teaching methods (cf. also Woods, 1990, 181).

Pour une grammaire de l'emploi de la langue en français langue étrangère[1]

Veronique Sanctobin, K.U.Leuven-Instituut voor Levende Talen

La croissance exponentielle des échanges internationaux a provoqué une demande en langues considérable, non négligeable par son poids économique. Par rapport au volume de ces activités, la recherche en didactique du français langue étrangère se voit confrontée à de nouveaux défis. Il est heureux, à notre avis, que les dernières évolutions en didactique aient favorisé une nouvelle mentalité envers la problématique de l'enseignement de la grammaire[2] (voir Section 1 ci-dessous). Toutefois, l'attention portée aux *pratiques* grammaticales n'a pas rendu inutiles les ouvrages de référence: l'importance sans cesse croissante accordée à l'autonomisation de l'apprenant (Holec, 1990) ne fait qu'accroître cette nécessité de créer des ouvrages de référence adaptés aux besoins des apprenants de français langue étrangère[3], indépendamment d'une méthode donnée[4].

Le type d'apprenant auquel nous nous intéressons, et qui peut être qualifié de "moyen" ou de "non linguiste", faute de terme plus approprié, est un apprenant qui n'a pas les aspirations d'un "professionnel" de la langue, mais qui vise avant tout une communication efficace avec les francophones.

A notre avis, la constitution d'un manuel de grammaire française véritablement adapté aux besoins de l'apprenant étranger moyen est un problème qui, s'il a souvent fait l'objet de discussions dans la littérature (Dirven, 1990), est toujours d'actualité. En effet, dans la pratique, les descriptions des grammaires à vocation didactique soulèvent souvent plus de questions qu'elles n'en résolvent (Leeman, 1982, 45). En effet, la grammaire scolaire est calquée sur les acquis du modèle traditionnel, dont elle a hérité des insuffisances, comme nous le verrons plus loin (voir Section 2 ci-dessous).

Dans ce qui suit, il sera dressé un panorama de l'évolution de la grammaire à vocation didactique. Comme la grammaire dite "scolaire" a hérité des critiques adressées à la grammaire traditionnelle, il sera traité une série de ces critiques. Ensuite, nous suggérerons des ébauches de solutions pour ces problèmes, pour terminer sur quelques conclusions.

1. De la grammaire "scolaire" à la grammaire "pédagogique"

1.1. Le modèle traditionnel

Jusqu'au vingtième siècle, théorie, description et enseignement de la grammaire d'une langue forment un tout. Les pédagogues, tant pour ce qui est de l'enseignement du français langue maternelle que pour le français langue étrangère, utilisent le modèle existant en ayant soin d'introduire quelques simplifications à l'usage des apprenants ainsi que des exemples et des exercices: c'est la grammaire "scolaire" (Roulet, 1972). Pendant des siècles, cette grammaire scolaire s'inspire donc exclusivement du modèle de la grammaire traditionnelle, tant pour ce qui est des pratiques d'enseignement (méthode appelée "grammaire-traduction") que des manuels de grammaire. Les deux modèles se confondent donc souvent.

Dans la méthode grammaire-traduction, la grammaire est omniprésente (Besse, 1985): la méthode tout entière gravite autour de la grammaire, qui est enseignée de façon explicite. Les règles que les apprenants doivent s'approprier pour ensuite les appliquer sont reprises dans le manuel de grammaire. Nous y reviendrons.

1.2. Le modèle traditionnel remis en cause

Le modèle traditionnel a été fondamentalement remis en cause par les structuralistes, qui lui ont reproché ce qu'ils considéraient comme un manque de scientificité, fondé sur des partis-pris subjectifs et puristes. Nous tenons cependant à souligner que le modèle structuraliste, sous sa forme qualifiée de linguistique "appliquée", a surtout eu une influence sur les *pratiques* d'enseignement[5]. En effet, le manuel de grammaire à l'usage des apprenants restait traditionnel.

Comme on sait, le modèle structuraliste a à son tour été remis en cause. Puisque la grammaire générative jouissait d'un grand prestige, il était tentant de s'y vouer à des fins didactiques. Certains auteurs (Candelier, 1977, Lakoff, 1969) ont plaidé l'introduction du modèle génératif dans l'enseignement. Des expériences à but pédagogique[6] ont cependant mené à des échecs, une telle adaptation ne pouvant vraisemblablement que faire tort à la conception globale du modèle génératif, qui n'était d'ailleurs nullement conçu à des fins didactiques (Chomsky, 1972).

1.3. Eclatement des théories

Il s'en est suivi un questionnement de la linguistique: "quiconque [voulait] faire de la linguistique appliquée [restait] fort perplexe lorsqu'il [s'agissait] de savoir quelle linguistique appliquer" (Girard, 1968, 41). Bon nombre d'auteurs sont convaincus qu'un modèle linguistique théorique peut constituer une aide considérable pour l'enseignement, mais à condition de ne pas être utilisé tel quel (position défendue dans Cicurel, 1988, Galisson, 1989).

A partir des années 1970, la réflexion théorique, jugée si importante auparavant, passe au second plan au profit d'une diversification des techniques et des pratiques pédagogiques. Parallèlement, on peut constater une diversification dans la discipline de la linguistique. De nouveaux courants voient le jour, commencent à être connus ou reçoivent plus d'attention (théories de l'énonciation, théories discursive, pragmatique, socio-linguistique ...), dont la didactique des langues a essayé de tirer profit (Coste, 1985, 6).

Les approches s'étant le plus inspirées de ces courants sont probablement les approches communicatives[7], nées à la fin des années 1970. Ces approches visent la mise en place de ce qui est qualifié de "compétence de communication" (Hymes, 1972), la "connaissance le plus souvent implicite, des règles psychologiques, sociales et culturelles qui régissent les échanges langagiers dans les cadres sociaux d'une communauté donnée" (Besse, 1980, 42).

La conséquence est de taille: pour la première fois dans l'histoire de la didactique, le concept même de grammaire passe à l'arrière-plan. En effet, depuis que les didacticiens affirment l'importance de la "compétence de communication", le rôle de la grammaire s'en est trouvé modifié. Cette grammaire, qui avait toujours été au coeur des préoccupations, puisqu'elle était considérée comme un but en soi, devient un outil au service des messages à comprendre ou à produire: elle devient un moyen pour communiquer.

Malgré cette prise de position qui semble pourtant faire l'unanimité, les adeptes de ces approches communicatives n'ont jamais adopté une attitude uniforme envers la problématique de la grammaire. Au contraire, cette grammaire provoque plus de questions qu'elle ne procure de réponses:

> Dans toutes les discussions suscitées par les approches dites "fonctionnelles-notionnelles" ou "communicatives" d'un enseignement/apprentissage des langues vivantes, revient avec insistance la question: "Et la grammaire?" (...) Explicite, implicite ou "implicitée", intermédiaire ou transitoire, la grammaire (même par morceaux) refait surface un peu partout. Après avoir été quelque peu mise en pièces, elle pointe de nouveau en des lieux multiples, archipélagique dans le champ de la didactique: on ne se passera pas d'elle, même si on ne voit pas clairement si et comment il conviendrait de procéder à son remembrement. (Coste, 1985, 14-15)

Dans la foulée, le terme de grammaire "scolaire", jugé suspect puisque renvoyant à une tradition grammaticale considérée comme désuète et ayant mené à certains excès métalinguistiques, est de plus en plus remplacé par l'adjectif "pédagogique", terme fourre-tout dont on use et abuse dans la littérature. Il convient encore de souligner que la problématique de la grammaire pédagogique concerne quasi toujours les pratiques de classe: le manuel de grammaire à l'usage des apprenants reste en général traditionnel[8].

Le temps où la didactique s'inspirait d'un modèle (linguistique) unique semble donc révolu définitivement, sans que l'on ait pour autant proposé de solution(s) de rechange valable(s). En français langue étrangère, le modèle omniprésent est donc toujours celui de la grammaire traditionnelle, pourtant si souvent critiqué de toutes parts (Leeman, 1982, 64).

1.4. Conclusion

Une question se pose, inévitablement: comment expliquer le règne millénaire incontestable et, au fond, incontesté, du modèle traditionnel, même s'il a été souvent critiqué[9]? Premièrement, comme il a été montré par certains auteurs (Chervel, 1977, Fournier et Leeman, 1979), la grammaire scolaire véhicule une certaine idéologie. Contrairement à ce qui est le cas dans le monde anglo-saxon, la grammaire française est souvent considérée comme un savoir de type essentiellement culturel, une valeur en soi en quelque sorte. En tant que tel, ce savoir peut au besoin fonctionner comme instrument discriminatoire envers celui qui ne le possède pas.

Cette première raison n'explique bien évidemment pas toute l'étendue du problème. Si la grammaire traditionnelle scolaire est toujours le modèle dominant dans l'enseignement du français langue étrangère, c'est qu'aucun des détracteurs du modèle n'est arrivé à proposer une solution de rechange valable.

2. Critique de la grammaire scolaire[10]

Comme cela a été observé, la grammaire scolaire est principalement inspirée du modèle traditionnel, dont elle se veut une version remaniée à des fins pédagogiques. Dès lors, la plupart des critiques adressées à la grammaire traditionnelle peuvent l'être également à sa variante scolaire. A ces critiques s'ajoutent des critiques d'ordre didactique. Nous nous proposons de traiter les critiques à partir de plusieurs points de vue connexes. En principe, nous nous limiterons à une analyse de la grammaire telle qu'elle ressort du manuel proprement dit, mais nous nous verrons également obligée d'expliciter des principes qui fondent la méthode grammaire-traduction, puisque ceux-ci sont susceptibles d'éclairer certains points de vue à partir desquels est conçu le manuel.

2.1. La description de la langue

2.1.1. Les descriptions sont réductrices à plusieurs points de vue

En premier lieu, nous pensons pouvoir affirmer que l'échantillon langagier présenté dans les manuels de grammaire scolaires à l'usage des apprenants de français langue étrangère n'est pas la langue telle qu'elle est réellement pratiquée par les francophones mais plutôt ce qu'on pourrait appeler un "écrit standardisé", à connotation littéraire en général, une langue décontextualisée, souvent présentée sans variation. En effet, la langue est présentée comme un tout parfaitement homogène à l'apprenant, sans qu'il lui soit expliqué quelles constructions sont plus/moins utilisées dans quels contextes. La langue décrite n'est donc pas un reflet fidèle de l'usage réel de la langue, mais au contraire une abstraction de cet usage (Besse et Porquier, 1984, 15, Porcher, 1981, 28).

En soi, ce présupposé n'est critiquable à aucun point de vue: aucun principe ne pourrait empêcher une grammaire de ne décrire qu'un échantillon réduit d'un état de langue donné. Qui plus est, comme le fait remarquer Porcher (1981, 26), la simulation, en tant qu'abstraction du réel, est un procédé pédagogique fréquemment utilisé, dans des domaines aussi éloignés que l'aéronautique, la médecine et l'enseignement des langues. Or, le problème fondamental réside précisément dans le fait que la grammaire scolaire se présente implicitement aux apprenants de langue étrangère comme un aperçu de "la" grammaire française, "du" français, tel qu'il est pratiqué par les francophones: "Tout se passe comme si l'on confondait les deux, c'est-à-dire comme si l'on oubliait la simulation" (Porcher, 1981, 26).

L'effet en est d'autant plus important que la grammaire scolaire s'est toujours caractérisée par un but prescriptif plutôt que descriptif. Le résultat qui en découle est une sorte de "manichéisme" pédagogique, "où le faux paraît s'opposer de façon nette et discontinue à l'exact" (Klein, 1992, 37), si caractéristique d'une certaine tradition grammaticale.

Une fois cette réduction accomplie, la grammaire scolaire française opère une seconde réduction. Sous l'influence de la tradition en effet, l'attention porte surtout sur deux aspects de la langue, à savoir l'orthographe d'une part (Chervel, 1977) et la morphosyntaxe de l'autre - aspects à dominante formelle-, au détriment des niveaux syntaxique et transphrastique[11].

2.1.2. L'apprenant est confronté à une image peu cohérente de la langue

Sous l'influence de la tradition classique, la grammaire décrit la langue de façon analytique (les "parties du discours"). Ce point de vue atomisant entraîne inévitablement un morcellement de l'information langagière. En effet, les différents thèmes grammaticaux, abordés surtout à partir de leurs signifiants (approche "sémasiologique"), sont parcourus un à un, sans que l'on vise la présentation d'une vue d'ensemble à proprement parler[12].

L'apprenant allophone arrive donc difficilement à se former une idée du fonctionnement réel de la langue. Il ne se rend pas compte que cette langue lui offre une panoplie de ressources pour exprimer des pensées équivalentes. Or, comme l'affirme Porquier, "apprendre, c'est construire du sens" :

> Même si l'on admet que l'expression repose sur un processus onomasiologique, et la compréhension sur un processus sémasiologique dans l'activité langagière, cela n'implique pas qu'y soient mobilisées deux compétences distinctes (...). En d'autres termes, chez l'usager ou chez l'apprenant d'une langue quelconque, la compétence recouvre une grammaire intériorisée qui se trouve activée en production ou en reconnaissance, mais toujours en référence à du sens. (Porquier, 1989, 126)

Dans le même ordre d'idées, la grammaire scolaire a tendance à accorder une importance démesurée aux irrégularités que présente la langue ainsi qu'aux exceptions, au détriment des phénomènes fréquents et/ou réguliers, ce qui renforce encore le problème[13]. Ainsi, pour l'apprenant étranger, la grammaire scolaire met surtout l'accent sur les difficultés que présente la langue étrangère plutôt que de présenter cette langue comme un système cohérent avec des régularités[14].

2.1.3. L'analyse manque de rigueur

Ensuite, nous croyons pouvoir affirmer que l'analyse linguistique à laquelle se livre la grammaire traditionnelle ainsi que le métalangage utilisé manquent souvent de rigueur. Comme les règles et les définitions figurant dans les manuels ne sont pas toujours fondées sur des principes cohérents, elles sont susceptibles de prêter à confusion.

Tout d'abord, les manuels scolaires privilégient les définitions en extension, en proposant à l'apprenant des listes plutôt que des critères. Il n'est dès lors pas rare de trouver des informations différentes d'un manuel à l'autre (voir par exemple la liste des verbes qui commandent le subjonctif), ce qui ne peut que dérouter l'apprenant qui changerait de grammaire pendant son parcours d'apprentissage.

En ce qui concerne plus particulièrement la problématique métalinguistique, qui a partie liée avec l'analyse proprement dite, nous croyons pouvoir faire état du manque de rigueur du métalangage utilisé, conjugué à son caractère normatif. L'utilisation d'un métalangage n'est pourtant jamais innocente, puisque celui-ci relève toujours d'une certaine conception linguistique et extralinguistique.

Nous avons mentionné que les manuels scolaires privilégient les définitions en extension, en proposant à l'apprenant des listes plutôt que des critères distinctifs. Lorsque cela n'est pas le cas, la grammaire scolaire utilise la terminologie héritée de la tradition classique. Or, cette terminologie ne témoigne pas toujours d'une cohérence très poussée (Adamczewski, 1975, 37). Certaines dénominations sont par exemple de nature formelle ("passé *simple*" versus "passé *composé*"), alors que d'autres sont de nature sémantique ("passé *antérieur*"). Un certain nombre de dénominations souffre d'un manque de transparence ("complément *circonstanciel*"), d'autres encore se révèlent inadéquates lorsqu'elles sont confrontées à un échantillon d'énoncés réellement produits (le "conditionnel", qui n'exprime pas toujours la condition). La pertinence heuristique de ce métalangage nous semble dès lors d'un intérêt plutôt limité pour les apprenants.

Le métalangage utilisé est d'ailleurs mal défini. Petiot et Marchello-Nizia (1972, 99) font remarquer à juste titre que, si les grammaires scolaires foisonnent d'expressions telles que "bien parler", "langue correcte", "erreur", ..., les auteurs omettent de préciser le critère utilisé pour définir ces termes, qui risquent donc d'induire les apprenants en erreur plutôt que de les empêcher de commettre certaines erreurs.

La problématique métalinguistique dont nous venons de faire état mérite une analyse des présupposés qui sous-tendent l'enseignement de la grammaire en général dans le modèle dont il est question. En effet, la grammaire scolaire a toujours accordé beaucoup d'importance à l'aspect métalinguistique, sous l'influence de la tradition classique. Berrendonner (1986, 10) a montré le caractère contraignant du raisonnement métalinguistique de la grammaire traditionnelle ainsi que de sa variante scolaire. Selon cet auteur, au caractère normatif inculqué aux apprenants en ce qui concerne l'échantillon langagier à utiliser (le "bon usage") se superpose un emploi prescriptif d'une certaine terminologie: on exige des apprenants non seulement un emploi "correct" de la langue, mais également de la terminologie utilisée dans les grammaires pour décrire cette langue. Or, le danger découlant d'une telle prise de position n'est pas à négliger (Besse et Porquier, 1984, 22, 24): dans une telle optique, on confond le modèle - qui n'est qu'une construction - et la langue[15].

Même si des tentatives ont été entreprises pour enrayer certains excès de la méthode grammaire-traduction, la partie métalinguistique des manuels de grammaire nous semble encore trop élaborée; on oublie trop souvent que l'apprenant moyen n'a pas les mêmes aspirations que le spécialiste de la langue, ni peut-être ses capacités et sa motivation. Au contraire, la composante métalinguistique des manuels scolaires entraîne une certaine confusion chez l'apprenant, ne fût-ce que parce que sa langue maternelle fonctionne souvent à l'aide d'autres présupposés (pensons à un Britannique venant apprendre le français en France par exemple).

2.2. Conclusion

La description langagière telle qu'elle ressort des manuels de grammaire scolaire pour le français langue étrangère soulevant certains problèmes, ceci porte à penser que la grammaire scolaire telle qu'elle est conçue n'est pas le moyen le plus adéquat pour stimuler l'appropriation de la langue par un apprenant étranger. Souvent, celui-ci étudie (par coeur?) les règles qu'on lui demande de connaître, exceptions comprises, sans y voir de véritable cohérence, pour oublier ensuite. Ce qui reste après coup est (souvent) un profond dégoût de la grammaire. Or, cela ne devrait pas étonner, puisque, la grammaire scolaire ayant été conçue à l'origine pour un public d'apprenants francophones, l'utilisation de ce modèle dans une situation didactique fondamentalement différente, pour des apprenants possédant un profil fondamentalement distinct, ne pouvait que s'avérer problématique.

3. Solution: quelques pistes à explorer

Vu que les manuels de grammaire sont toujours trop peu axés sur les véritables besoins de l'apprenant allophone moyen, une reconsidération de leur conception s'avère nécessaire. Les deux questions qui se posent lors de la conception d'un nouveau type de grammaire à vocation didactique sont les suivantes :

1) Quels éléments langagiers sélectionner?
2) Comment les présenter?

Dans ce qui suit, nous voudrions présenter des ébauches de solutions pour les problèmes dont nous avons fait état dans la section précédente, en nous limitant à la première question posée, celle des éléments langagiers à sélectionner, puisque cette question n'a pas été posée aussi souvent que la seconde, à ce qu'il nous semble. Qui plus est, la seconde question, d'ordre psycholinguistique (comment présenter les éléments langagiers d'une telle façon que l'appropriation par l'apprenant étranger soit favorisée?), nous semble plutôt pertinente dans le cadre d'activités grammaticales en classe de langue (les "leçons" de grammaire) que dans celui de la conception de grammaires de référence. Cette question, qui a d'ailleurs souvent fait l'objet de discussions dans la littérature (voir la bibliographie de Dirven, 1990), ne nous intéressera donc pas directement.

Nous aborderons la problématique en passant en revue les principes généraux qui sous-tendent le type de grammaire scolaire tel que nous le concevons. A notre avis, un manuel de grammaire à vocation didactique doit surtout être caractérisé par le critère de *pertinence*, tant d'un point de vue extralinguistique (les besoins de l'apprenant), que pour ce qui est de la description de la langue proprement dite. Ensuite sera explicitée la méthode à utiliser en vue de la récolte des données langagières.

3.1. Principes

3.1.1. Les besoins de l'apprenant

Nous ne croyons pas être novatrice en affirmant que l'enseignement du français langue étrangère doit prendre comme point de départ les besoins de l'apprenant. Il y a des années déjà que les crédos fonctionnels[16] ont fait leur apparition dans la littérature (Besse et Galisson, 1980, Lehmann, 1980).

Cependant, nous avons dû constater que si bon nombre de didacticiens sont dorénavant convaincus que l'enseignement du vocabulaire doit prendre comme point de départ le domaine de connaissances de l'apprenant ainsi que ses besoins, un raisonnement analogue est rarement adopté pour ce qui relève des connaissances de la grammaire, qui est souvent considérée comme une matière à prendre ou à laisser, sans solution intermédiaire, surtout en ce qui concerne la problématique du manuel.

Or, comme les évolutions de nos sociétés engendrent des demandes en langues de plus en plus pointues (Porcher, 1992), qu'en d'autres termes, aujourd'hui, on n'apprend plus que rarement une langue pour le seul plaisir de la maîtriser dans tous ses aspects, il conviendrait de soumettre la grammaire à une transformation fondamentale, en vue d'obtenir un outil plus maniable en fonction du public-cible. Par conséquent, nous préconisons de délimiter des objectifs réalistes en fonction des besoins de l'apprenant plutôt que de demander à n'importe quel type d'apprenant de s'approprier "la" grammaire française in extenso[17]. En effet, une compétence de natif est un objectif irréalisable, qui est même à peine atteint par ceux qui sont des spécialistes de la langue.

En d'autres termes, des connaissances grammaticales élémentaires suffisent pour un apprenant débutant, pour un apprenant ayant des besoins langagiers très réduits puisque très spécifiques (par exemple : la lecture de textes scientifiques en langue étrangère, problématique abordée par Deyes, 1987), ou lorsque le temps est compté[18]. Un traitement plus en profondeur reste cependant possible pour l'apprenant plus avancé ou pour un apprenant disposant de beaucoup de temps pour s'approprier des connaissances grammaticales.

En effet, l'enseignement implique toujours le choix entre ce qui est indispensable et ce dont on peut se passer, faute de temps disponible. Est-il nécessaire de répéter qu'une grammaire à vocation didactique n'a pas pour objectif de décrire la langue de façon exhaustive et que, corollairement, un phénomène étudié par le linguiste n'intéresse pas nécessairement le didacticien[19]? Dans le même ordre d'idées, un apprenant non spécialiste ne nécessite pas des connaissances exhaustives de "la" grammaire française. En revanche, elle doit lui permettre de mieux pratiquer la langue étrangère. Mieux vaut donc concentrer l'attention sur un échantillon langagier bien délimité, plutôt que d'opter pour une approche superficielle d'une quantité importante de données, dont on peut affirmer avec quasi-certitude que les apprenants ne les rencontreront jamais, ni qu'ils auront à les utiliser.

3.1.2. La description de la langue proprement dite

3.1.2.1. L'échantillon langagier à sélectionner

Tout d'abord, si nous plaidons pour une réduction de la masse de données offerte à l'apprenant, en fonction de ses besoins, en même temps, il nous semble indispensable de présenter à cet apprenant un échantillon de langue plus conforme à la réalité langagière, c'est-à-dire la langue telle qu'elle est pratiquée par les francophones. Le but sera dès lors la description de l'emploi de la langue, et non celle du code (voir également la section 3.2.).

Dans un tel cadre de référence, on est inévitablement confronté au problème de la norme. Un énoncé n'est donc plus "correct" ou "mauvais" en soi, mais toujours en fonction du contexte dans lequel il est émis. Si norme il y a, c'est donc une norme "d'utilisation". Combettes (1982, 53) propose de substituer le concept de "grammaire floue", qui tente d'intégrer divers degrés de grammaticalité, à la vision binaire qui sous-tend le modèle traditionnel: "les règles s'appliquent donc à un certain degré, de même, les éléments grammaticaux ne sont pas conçus comme membres ou non-membres d'une catégorie, mais comme y appartenant à un certain degré". Il nous semble qu'il s'agit ici d'une piste qu'il y aurait lieu d'explorer: elle pourrait placer des balises lors de la future élaboration d'un instrument pédagogique d'un autre ordre, à ce qu'il nous semble.

Qui plus est, une grammaire qui se veut réellement un soutien pour l'apprenant allophone non spécialiste se doit d'élargir le tour d'horizon traditionnel, qui accorde, nous l'avons mentionné, une importance démesurée à l'orthographe ainsi qu'à la morphosyntaxe, au profit des niveaux syntaxique et transphrastique.

3.1.2.2. Le point de vue à partir duquel la langue est abordée

Ensuite, il y a lieu de poser la question de savoir si une perspective exclusivement formelle et analytique constitue le seul moyen valable pour aborder les faits de langue en fonction du public tel que nous l'avons ciblé. A notre avis, si pour certains faits une approche sémasiologique s'impose (ne pensons qu'à la conjugaison des verbes par exemple), d'autres aspects (la problématique des articulateurs du discours par exemple, décrite dans Sanctobin, à paraître) semblent plutôt se prêter à une approche de type onomasiologique. La problématique mériterait d'être approfondie.

Dans le même ordre d'idées, il nous semble vain de pousser l'analyse à un point que seules semblent intéressantes les exceptions ainsi que les exceptions aux exceptions. Mieux vaut au contraire présenter de grands ensembles cohérents à l'apprenant, en lui montrant par quels moyens la langue arrive à exprimer la pensée.

3.1.2.3. La description de la langue

Finalement, - et ainsi nous nous rapprochons de la seconde question posée plus haut - soulignons qu'il convient d'éviter d'introduire trop d'informations métalinguistiques dans le manuel, pour des raisons d'efficacité qui ne sont plus à démontrer. Au cas où une règle existante se révélerait une catastrophe pédagogique, l'auteur du manuel doit oser la remplacer par une autre, plus appropriée. S'il faut introduire une règle, il convient au besoin de la sérier. De toute façon, cette règle sera formulée de façon simple et concrète. Cela revient à dire qu'il sera fait emploi d'un minimum de terminologie (transparente), ainsi que d'exemples éclairants, de préférence réels et insérés dans un contexte (à ce sujet, voir également les suggestions de Zimmerman et Wissner-Kursawa, 1985).

3.2. Méthode

Après avoir discuté quelques principes généraux pour la constitution d'une grammaire, il nous reste à expliquer par quel moyen devrait se réaliser la récolte des données langagières: en effet, en règle générale, les auteurs de manuels gardent le silence dans leurs préfaces, alors qu'on aimerait les voir aborder le sujet.

A notre avis, un des moyens-clé pour récolter les données en vue de l'élaboration d'une grammaire telle que nous venons de la décrire est l'observation des faits grammaticaux dans un corpus (écrit/oral[20]) représentatif et suffisamment important telle qu'elle est présentée par exemple par De Kock (1991) et Haegeman (1982). Ce corpus devrait contenir des textes non littéraires, comme le propose Verlinde (1993), qui a travaillé sur un corpus de textes journalistiques (voir également Danell, 1990).

C'est incontestablement ici que la linguistique théorique, ou du moins une certaine linguistique théorique, à savoir la linguistique descriptive défendue et pratiquée par exemple par les linguistes scandinaves (parmi beaucoup d'autres, Danell, 1995), pourrait intervenir, pour jouer un rôle d'importance et garantir une base objective à l'opération.

Plusieurs options sont possibles. On pourrait songer, avec Ettinger (1980), à une analyse des phénomènes tels qu'ils sont décrits par le modèle traditionnel, mais on pourrait également aller plus loin, en examinant l'emploi parallèle de structures "alternatives" (infinitives versus complétives pour ce qui est du phénomène de subordination par exemple). Pour ce qui est de la dernière piste, il nous semble que les analyses linguistiques pratiquées par Gross et son équipe au LADL (Laboratoire d'Automatique Documentaire et Linguistique, Université Paris VII) pourraient se révéler des plus intéressantes, comme le suggère à juste titre Vivès (1985). En effet, comme ce modèle (transformationnel) rapproche des phénomènes langagiers qui ne l'ont jamais été dans le modèle traditionnel, il est susceptible de livrer un cadre méthodologique valable pour l'élaboration d'outils grammaticaux d'ordre différent.

Nous connaissons les inconvénients liés aux études de corpus. Comment en effet constituer un corpus qui soit l'émanation du français "standard", destiné à l'élaboration d'une grammaire à l'usage de l'apprenant allophone moyen? Il est vrai qu'il s'agit ici d'un problème méthodologique non négligeable, qui peut cependant en partie être résolu à condition d'opter pour un corpus suffisamment étendu et diversifié[21].

Une autre objection généralement émise au sujet de l'utilisation de corpus est celle qui consiste à affirmer qu'un corpus ne contient toujours qu'une partie des constructions réellement utilisées. Si cette critique nous paraît pertinente dans le cadre de recherches en linguistique théorique, nous estimons qu'elle peut être immédiatement neutralisée lorsqu'il s'agit de l'utilisation de corpus dans un but pédagogique. En effet, comme nous l'avons souligné, une structure qui se révèle très peu fréquente dans un corpus étendu ne devrait pas faire l'objet d'une étude par l'apprenant étranger.

Mindt (1981) préconise la constitution de corpus spécialisés en fonction du public-cible. Pour notre part, nous craignons qu'il s'agisse là d'une opération onéreuse pour un résultat plutôt réduit. Mieux vaut à notre avis se fonder sur un corpus très étendu, dans le but d'en extraire un grand nombre de données, pour ensuite présenter ces données par niveaux ou "paliers", qui pourront être mis à profit par les apprenants en fonctions de leurs besoins du moment. En d'autres termes, pour qu'un même manuel de grammaire soit utilisable en fonction des besoins de différents apprenants (ou du même apprenant à différents moments de son apprentissage) il conviendrait d'opter pour une présentation de type concentrique du matériel langagier, en "paliers" grammaticaux, qui correspondraient à des degrés de connaissance grammaticaux, d'ordre réceptif et/ou productif (Verlinde, 1993).

Il convient dès lors de se poser la question de savoir quels pourraient être les critères à utiliser en vue de l'élaboration d'une grammaire en "paliers". A notre avis, le but n'étant bien évidemment pas de présenter "le" français avec "toutes" ses constructions, pour des raisons de pertinence que nous avons explicitées plus haut, il convient de délimiter des critères de sélection.

Les faits langagiers sont susceptibles d'être repris dans le manuel de grammaire en fonction des critères suivants (Dirven, communication personnelle):
    1) leur fréquence dans le discours
    2) leur pertinence communicative

3) leur possibilité de commutation
4) leur aspect contrastif[22]

Pour ce qui est de la fréquence des éléments langagiers, il nous semble quelque peu ambitieux de faire étudier des phénomènes langagiers périphériques, qui ne sont pas ou peu utilisés dans le corpus représentatif analysé. Au contraire, une attention accrue doit être accordée aux constructions les plus fréquentes, et ce pour des raisons d'efficacité et de productivité. Verlinde (1993) par exemple a montré que souvent, quelques règles de base suffisent pour "couvrir" la plupart des faits grammaticaux les plus fréquents.

Si l'on désire quand même faire état de l'existence d'exceptions et/ou d'irrégularités, il convient de réduire ces phénomènes à leurs justes proportions. En effet, un phénomène langagier peut être présent dans le manuel de grammaire même s'il n'est pas caractérisé par un certain taux de fréquence, à condition qu'il réponde à une des conditions suivantes: soit ce phénomène doit posséder une pertinence communicative certaine (des personnes verbales peu utilisées mais faisant partie d'un verbe fréquent par exemple), soit il doit représenter un fait de langue qui peut difficilement s'exprimer par d'autres moyens langagiers (possibilité de commutation réduite), ou il doit être question d'un phénomène qui soit n'existe pas dans la langue maternelle des apprenants, soit sous une autre forme (le mode subjonctif pour un néerlandophone par exemple).

4. Conclusion

Nous avons montré dans la première partie de notre contribution que les courants didactiques successifs se sont essentiellement penchés sur la façon dont devait s'enseigner la grammaire, rarement sur le contenu des grammaires scolaires. Pourtant, il y a lieu de revoir ces aspects suivant plusieurs axes d'approche, comme nous l'avons montré à l'aide de critiques que l'on est en droit d'adresser au modèle en vigueur.

Nous espérons avoir montré qu'une grammaire pédagogique du français langue étrangère ne pourrait être ni une version remaniée d'un modèle théorique, ni une réduction d'une grammaire de français langue maternelle à l'usage de l'apprenant allophone. Au contraire, l'élaboration d'une grammaire ne peut se réaliser qu'en prenant comme point de départ les besoins langagiers spécifiques de l'apprenant moyen, c'est-à-dire non spécialiste, de langue étrangère.

Il va de soi que les idées exposées dans la présente publication impliquent un déconditionnement par rapport à la tradition que représente le modèle en vigueur, tant du côté de l'enseignant que celui de l'apprenant. En ce sens, nous avons surtout voulu soulever des questions et baliser le terrain, puisque l'élaboration d'un manuel de grammaire véritablement pédagogique constituera sans conteste une entreprise considérable, qui exigera les efforts conjugués de bon nombre de personnes[23].

Quoi qu'il en soit, il faut toujours garder à l'esprit que la grammaire ne pourrait constituer un objectif en soi, mais qu'il s'agit d'un moyen pour mieux pratiquer la langue étrangère. Le manuel à son tour ne doit pas être considéré comme "le dépôt de règles intangibles" (Petiot et Marchello-Nizia, 1972, 111), mais comme un outil. Un outil utile, certes, mais seulement un outil.

Références

Adamczewski, H. (1975) "Le montage d'une grammaire seconde". *Langages*, 39, pp.31-50.

Bausch, K.-R. (éd.) (1979) *Beiträge zur Didaktischen Grammatik. Probleme, Konzepte, Beispiele*. Königstein, Scriptor.

Bérard, E. et Lavenne, C. (1989). *Grammaire utile du français*. Paris, Hatier.

Berrendonner, A. (1986) "Discours normatif versus discours didactique". *Etudes de Linguistique Appliquée* , 61, pp.9-17.

Besse, H. (1980) "Enseigner la compétence de communication?" *Le Français dans le Monde*, 153, pp.41-7.
Besse, H. (1985) *Méthodes et pratiques des manuels de langue*. Paris, Didier.

Besse, H. et Galisson, R. (1980) *Polémique en didactique. Du renouveau en question*. Paris, CLE International.

Besse, H. et Porquier, R. (1984) *Grammaires et didactique des langues*. Paris, Hatier.

Bourguignon, Chr. et Candelier, M. (1988) "La place de la langue maternelle dans la construction par l'élève des notions grammaticales requises pour l'apprentissage d'une langue étrangère". *Les Langues Modernes*, 2, pp.19-34.

Candelier, M. (1977) "Analyses linguistiques et enseignement des langues étrangères: principes de bon usage illustrés". *Etudes de Linguistique Appliquée*, 25, pp.67-87.

Chervel, A. (1977) ... *et il fallait apprendre à écrire à tous les petits Français. Histoire de la grammaire scolaire.* Paris, Payot.

Chomsky, N. (1954) "Compte-rendu de B.F. Skinner, Verbal Behavior". *Langages*, 16, pp.16-49.

Chomsky, N. (1972) "Théorie linguistique". *Le Français dans le Monde*, 88, pp.6-10.

Chuilon, C. (1986) *Grammaire pratique. Le français de A à Z.* Paris, Hatier.

Cicurel, F. (1988) "Didactique des langues et linguistique: propos sur une circularité". *Etudes de Linguistique Appliquée*, 72, pp.15-23.

Combettes, B. (1982) "Grammaires floues". *Pratiques*, 33, pp.51-9.

Combettes, B. et Lagarde, J.-P. (1982) "Un nouvel esprit grammatical". *Pratiques*, 33, pp.13-49.

Coste, D. (1985) "Sur quelques aspects des relations récentes entre grammaire et didactique du français langue étrangère". *Langue française*, 68, pp.6-17.

De Kock, J. (1991) "De la grammaire en corpus clos". *Romaneske,* 4, pp.8-22.

Danell, K.J. (1990) Corpus de journaux francophones sur ordinateur. *Travaux de Linguistique*, 20, pp.73-82.

Danell, K.J. (1995) *Le phénomène de concurrence en français moderne. Réflexions à partir de an-année, jour-journée, paraître-apparaître et d'autres.* Umeå, Swedish Science Press.

Deyes, T. (1987) "Towards a Minimum Discourse Grammar for ESP Reading Courses". *Reading in a Foreign Language,* 3/2, pp.417-28.

Dirven, R. (éd.) (1989) *A User's Grammar of English: Word, Sentence, Text, Interaction. Compact Edition.* Francfort, P. Lang.

Dirven, R. (1990) "Pedagogical Grammar". *Language Teaching,* 1, pp.1-18.

Ettinger, St. (1980) "Frequenzuntersuchungen zu einer grundgrammatik des Französischen". *Linguistik und Didaktik,* 41, pp.71-8.

Everaert, G. (1988) "L'enseignement de la grammaire: Où est-on? Où va-t-on?" *Enjeux,* 15, pp.29-42.

Fournier, F. et Leeman, D. (1979) "Questions sur la grammaire traditionnelle. Le profil grec". *Langue française,* 41, pp.77-104.

Galisson, R. (1989) "Problématique de l'autonomie en didactique des langues". *Langue Française,* 82, pp.95-114.

Girard, D. (1968) "Vers une conception scientifique de l'enseignement des langues". *Les Langues modernes,* 62/6, pp.39-47.

Grevisse, M. (1993) (treizième édition par A.Goosse) *Le bon usage. Grammaire française avec des remarques sur la langue française d'aujourd'hui.* Gembloux, Duculot.

Haegeman, L.V. (1982) "English Grammar and the Survey of English Usage". *ELT Journal,* 36/4, pp.248-54.

Holec, H. (1990) "Qu'est-ce qu'apprendre à apprendre". *Mélanges pédagogiques CRAPEL,* pp.75-87.

Hymes, D. (1972) "On Communicative Competence". in Pride, J.B. et Holmes, J. (éds) *Sociolinguistics.* Hamondsworth, Penguin, pp.269-93.

Jaussaud, F. (1989) "Faut-il mettre un 'bonnet rouge' à la grammaire française". *Le Français dans le Monde,* 222, pp.45-50.

Job, B., Mis, B. et Pissavy, A.-M. (1986) *Grammaire simplifiée.* Paris, CLE International.

Klein, J.-R. (1992) "A la recherche de la grammaire perdue". Images et mirages dans les manuels de français langue maternelle. *Pré-publications en linguistique appliquée. Volume 2, grammaires et manuels. (Actes du colloque du groupe de contact F.N.R.S. "Linguistique et enseignement du français-Franse taalkunde en taalonderwijs", Bruxelles, le 30 janvier 1991)*, pp. 33-40.

Lakoff, R. (1969) "Transformational Grammar and Language Teaching". *Language Learning*, 19, pp.117-40.

Larsen-Freeman, D. (1990) "Pedagogical Descriptions of Language: Grammar". *Annual Review of Applied Linguistics*, 10, pp.187-95.

Leeman, D. (1982) "La difficulté d'élaborer une leçon de grammaire quand on a été initié à la linguistique". *Langue Française*, 55, pp.45-65.

Leeman, D. (1992) "Pour un renouvellement de la démarche pédagogique en grammaire". *Etudes de Linguistique Appliquée*, 87, pp.117-24.

Lehmann, D. (1980) "Français fonctionnel, enseignement fonctionnel du français". in Galisson, R. (éd.) *Lignes de force du renouveau actuel en didactique des langues étrangères*. Paris, CLE International, pp.115-43.

Mindt, D. "Linguistische Grammatik, didaktische Grammatik und pädagogische Grammatik". *Neusprachliche Mitteilungen*, 34, pp.28-35.

Moirand, S. (1982) *Enseigner à communiquer en langue étrangère*. Paris, Hachette.

Moirand, S., Porquier, R. et Vives, R. (éds) (1989) *... et la grammaire*. Numéro spécial du *Français dans le Monde, Recherches et Applications*.

Petiot, G. et Marchello-Nizia (1989) "La norme et les grammaires scolaires". *Langue française*, 16, pp.99-113.

Porcher, L. (1981) "Incertitudes subjectives sur la linguistique et la didactique". in Richterich, R. et Widdowson, H. (éds) *Description, présentation et enseignement des langues*. Paris, Hatier, pp.19-32.

Porcher, L. (1992) "Omniprésence et diversité des auto-apprentissages". in Porcher, L. (éd.) Les auto-apprentissages, numéro spécial du *Français dans le*

Monde, Recherches et Applications, pp.6-14.

Porquier, R. (1989) "Quand apprendre, c'est construire du sens." in Moirand, S., Porquier, R. et Vives, R. (éds) (1989) ... et la grammaire. Numéro spécial du *Français dans le Monde, Recherches et Applications*, pp.123-32.

Puren, C. (1988) *Histoire des méthodologies de l'enseignement des langues.* Paris, Nathan-CLE International.

Roulet, E. (1972) *Théories grammaticales, descriptions et enseignement des langues.* Paris, Nathan/Bruxelles, Labor.

Sanctobin, V. (à paraître) L'acquisition d'une compétence discursive en communication spécialisée. *Actes du 10ème Symposium LSP,* (Vienne, août-septembre 1995).

Sanctobin, V. et Verlinde, S. (1995) La linguistique et la grammaire scolaire à l'ère communicative bilan et perspectives. *ABLA-Papers,*.16, pp.67-78.

Stern, H.H. (1984) *Fundamental Concepts of Language Teaching.* Oxford University Press.

Verlinde, S. "Une approche alternative de la grammaire". *Info-Frans,* 20/3, pp.7-17.

Vivès, R. (1985) "Lexique-grammaire et didactique du français langue étrangère." *Langue française,* 68, pp.48-65.

Walz, J.C. (1993) "Spoken French as a Pedagogical Norm". *Conférence tenue au dixième Congrès de l'AILA à la Vrije Universiteit Amsterdam (Pays-Bas), 9-13 août.*

Widdowson, H. (1981) *Une approche communicative de l'enseignement des langues.* Paris Hatier.

Zimmerman, G. et Wissner-Kursawa, E. (1985) *Grammatik - Lehren, Lernen, Selbstlernen - Zur Optimierung grammatikalischer Texte im Fremdscprachen-unterricht.* Munchen, Max Hueber.

Notes

1. Nous tenons à remercier les Professeurs J.Binon, R. Dirven, S. Verlinde et R. Vives pour leur aide.

2. Ce terme recouvre différentes définitions. Pour un aperçu exhaustif de ces définitions, le lecteur consultera Combettes et Lagarde (1982).

3. Nous n'opérerons pas de distinction entre le français langue étrangère et le français langue seconde.

4. Lorsque nous utiliserons le terme de "manuel (de grammaire)", c'est uniquement à ce sens-là que nous ferons allusion.

5. Un précurseur a été la "méthode directe". Cette méthode, qui est en fait la variante scolaire de la méthode "naturelle" (Besse et Porquier, 1984, 87), vise à créer la même situation d'apprentissage pour la langue étrangère que ce qui était le cas pour l'acquisition de la langue maternelle: les apprenants doivent associer les mots de la langue étrangère à la réalité extralinguistique, grâce à une méthode de type inductif (Besse, 1985, 32). Ainsi, on bannit toute allusion à la langue maternelle de l'apprenant. Dans le même ordre d'idées, toute analyse linguistique est écartée. Soulignons cependant que ces activités revêtaient un caractère peu systématique (Puren, 1988).

6. Cela a surtout été le cas pour les manuels de français langue maternelle (Everaert, 1988).

7. Il existe une littérature excessivement abondante sur le sujet. On consultera par exemple Moirand (1982) ou Widdowson (1981).

8. A notre connaissance, deux grammaires à l'usage des apprenants de français langue étrangère font exception à cet usage. En effet, ces deux grammaires prennent le sens comme point de départ. Voir Bérard et Lavenne (1989) ainsi que Job et. al. (1986).

9. Besse (Besse et Porquier, 1984, 26) observe à ce sujet que l'hégémonie du modèle traditionnel en grammaire est comparable à celle des modèles euclidien et pythagorien dans le domaine des sciences exactes.

10. Les critiques dont il sera question se fondent en grande partie sur une analyse approfondie de vingt-six manuels de grammaire en vente sur le marché néerlandophone de Belgique (grammaires éditées en France ainsi qu'en Belgique). Nous ne ferons allusion à aucune de ces grammaires, vu l'intérêt plutôt limité d'une grande partie d'entre elles pour les lecteurs non-néerlandophones. Nous sommes cependant convaincue que les critiques que l'ont peut adresser à ces manuels en particulier peuvent être généralisées.

11. A notre connaissance, une grammaire (Dirven, 1989) y fait exception. Il ne s'agit cependant pas d'une grammaire destinée à l'étude du français.

12. Certaines grammaires scolaires, comme par exemple Chuilon (1986) combinent même une approche analytique avec un classement alphabétique des aspects traités, ce qui renforce vraisemblablement encore le problème.

13. Besse (Besse et Porquier, 1984, 51) donne comme exemple la présentation traditionnelle des tables de conjugaison: la conception des tables doit surtout permettre l'insertion des verbes irréguliers, pourtant minoritaires.

14. Aussi étrange que cela puisse paraître, un parallélisme s'impose apparemment entre l'enseignement du français langue étrangère en Belgique et celui de la médecine. En effet, dans une interview accordée à un hebdomadaire de qualité (*Knack*, 21 déc. 1994, pp.146-51), un professeur d'une faculté de médecine fait part de son inquiétude concernant l'attention démesurée portée par l'enseignement universitaire à des phénomènes et des maladies peu fréquents (mais spectaculaires), au détriment des maux considérés comme banals puisque connus de tous. Un jeune médecin manquerait ainsi de connaissances approfondies sur les phénomènes les plus fréquents.

15. Les structuralistes ont réagi contre cet excès métalinguistique dans leurs "audio-"méthodes. Leur crédo: "teach the language, not about the language".

16. "Fonctionnel" est utilisé ici dans son sens "utilitariste".

17. Dans une telle perspective, la motivation de l'apprenant ne peut d'ailleurs que croître, ce qui devrait entraîner des effets bénéfiques pour l'apprentissage en général.

18. Dans la littérature de langue allemande, il est question du concept de "Mindestgrammatik", une "grammaire de base" à l'usage de l'apprenant allophone (voir par exemple les publications dans Bausch, 1979). A notre connaissance, ce principe n'a pas suscité de débats véritables dans la littérature concernant le français langue étrangère.

19. Si une distinction telle que celle de français langue maternelle-français langue étrangère par exemple n'a aucune pertinence pour le linguiste, elle en a d'autant plus pour le pédagogue.

20. En ce sens, à moins que les besoins de l'apprenant s'y prêtent, nous aurions tendance à ne pas suivre l'idée de Walz (1993), qui préconise de prendre comme unique point de départ le français oral. Cette option nous semble en effet un appauvrissement de l'échantillon langagier présenté, qui risque de mener à un excès contraire.

21. Verlinde (1993) par exemple a fondé ses recherches quantitatives sur un corpus de textes journalistiques, puisque ceux-ci représentent une extrême richesse (lexicale, stylistique ...).

22. Pour nous, le manuel de grammaire se doit de tenir compte de la langue maternelle de l'apprenant.

23. Des recherches (entre autres sur corpus) sont en cours, sous la forme d'une thèse de

doctorat (voir Sanctobin et Verlinde, 1995).

Erreurs et Stratégies Pédagogiques

Colette Feuillard, Université de Caen

Cette étude vise un double objectif, l'identification et le classement des erreurs réalisées à l'écrit dans l'apprentissage d'une langue nouvelle et la mise en place de stratégies pédagogiques adaptées aux difficultés rencontrées. Le thème n'est pas nouveau; de nombreuses recherches ont déjà été effectuées dans ce domaine. Cependant, il nous a semblé nécessaire d'affiner les typologies existantes, en prenant en compte les différents niveaux d'analyse linguistique, de manière à proposer des exercices appropriés aux divers types d'erreurs recensées.

1. Typologie des erreurs

Fondée sur des critères fonctionnels, elle envisage les erreurs selon deux perspectives complémentaires, par rapport au système d'une part, et à la fonction de communication d'autre part.

La prise en compte du système de la langue cible peut s'accompagner d'une référence au système de la langue source, afin d'identifier éventuellement les interférences. Mais ce recours n'est pas toujours possible, soit parce que cette dernière n'est pas connue de l'enseignant, ou que les apprenants n'appartiennent pas tous à la même communauté linguistique, soit parce que l'erreur résulte d'autres facteurs, inattention, surgénéralisation d'une règle, etc.

Les erreurs affectant le système sont répertoriées parmi les erreurs d'unités, cf. 1.1. ou de forme, cf. 1.2. Il y a deux sortes d'unités d'analyse: l'unité significative minimum, c'est-à-dire le morphème ou le monème, selon la théorie linguistique à laquelle on se réfère, et les fonctions syntaxiques, ainsi que leurs marques, prépositions, subordonnants, etc. Il ne s'agit donc pas du mot.

Il importe, en effet, de bien distinguer unité significative minimum et mot d'une part, unité et forme d'autre part. S'il peut y avoir correspondance absolue entre l'unité significative minimum et le mot comme dans *table*, le mot est aussi parfois constitué de plusieurs unités significatives minima: *voulais* dans *(je) voulais* en comporte deux, l'une de type lexical, qui correspond au verbe "vouloir" noté par la forme *voul*, l'autre de nature grammaticale, l'"imparfait", indiqué par *ais*; à l'inverse, une unité significative minimum peut être supportée par deux ou plusieurs éléments disjoints formellement: c'est le cas de la négation *ne ... jamais*, par exemple. Chaque élément doit faire l'objet d'un traitement particulier.

En outre, une unité peut présenter des formes différentes en fonction du contexte dans lequel elle apparaît: en français, il n'y a qu'un article défini, indéfini ou partitif, mais chacun d'eux peut se manifester sous plusieurs formes, *le/l'/la, un/une, du/de l'/de la*, etc., *les* étant l'amalgame des unités défini et pluriel. De plus, certaines de ces unités peuvent s'adjoindre, dans un contexte donné, des marques formelles qui leur sont imposées par des éléments extérieurs: ainsi, la marque du nombre *s* dans *jeunes, de jeunes enfants*, n'appartient pas à la forme de l'adjectif en tant qu'unité minimum; elle renvoie à l'élément grammatical pluriel qui détermine le nom, et s'ajoute à l'adjectif, puisque ce dernier doit s'accorder en nombre avec l'élément nominal auquel il se rattache. L'omission du pluriel de **jeune enfants* n'altère pas la forme de l'unité *jeune*; elle traduit simplement l'absence d'accord entre l'adjectif et le nom. Ce type d'erreurs concerne les relations de dépendance formelle que les unités entretiennent entre elles dans l'énoncé, et se situe de ce fait au niveau syntagmatique, tout comme les erreurs de position des éléments dans la chaîne parlée, *il n'a fait *rien/il n'a rien fait*, cf. 1.2.3.

D'autres erreurs concernent l'inadéquation du discours produit à la situation de communication; ce sont là des erreurs de stratégie communicative, cf.1.3. Elles portent sur des éléments de complexité variable, pouvant aller jusqu'à la phrase, voire la dépasser.

1.1. Les erreurs d'unités

Il y a altération du sens et par suite de l'unité dans sa totalité. Ces erreurs peuvent affecter:

1.1.1. Le niveau lexical

Il s'agit d'erreurs de vocabulaire, qui touchent les noms, les verbes, les adjectifs, et les adverbes, *je te remercie de ta lettre, je suis très heureuse de *savoir la nouvelle/je te remercie de ta lettre, je suis très heureuse d'apprendre la nouvelle.*

1.1.2. Le niveau grammatical

Les éléments concernés sont les articles, défini, indéfini, partitif, cf. 1., possessifs, démonstratifs, etc., *il a rencontré *les difficultés/il a rencontré des difficultés, à Paris, tu peux facilement trouver *ton travail/à Paris, tu peux facilement trouver du travail,* le nombre, *tes entourages sont bien aimables/ton entourage est bien aimable,* les temps, *je vis un homme, il nous *fait signe/je vis un homme, il nous fit signe,* les modes, *je suis sûr qu'il *aurait un cadeau pour son anniversaire/je suis sûr qu'il aura un cadeau pour son anniversaire,* etc. Dans ce dernier exemple, le conditionnel ne peut être admis, puisque la phrase ne comporte pas d'élément à valeur hypothétique comme dans *je suis sûr qu'il aurait un cadeau pour son anniversaire, si ses parents avaient de l'argent.* Quant à l'erreur sur le nombre, elle est notée prioritairement dans le syntagme nominal, étant donné que le nombre détermine sémantiquement le nom, et qu'à l'oral, l'indication du pluriel est très souvent signalée par l'article seul, [legarsõsamyz] *les garçons s'amusent,* même si la marque est dans ce cas imposée par l'accord, comme elle l'est pour le verbe et l'adjectif.

1.1.3. Le niveau syntaxique

Les fonctions sujet, objet direct, objet indirect, les fonctions locatives, temporelles, etc., peuvent être remplacées par une autre fonction, *prévenez-moi *ø votre décision* (objet direct)/*prévenez-moi de votre décision* (objet indirect *de*); il peut également y avoir substitution de prépositions, ou de subordonnants, *les gens travaillent *de quel âge?/les gens travaillent à quel âge?,* *parce que j'ai longtemps vécu à Besançon, je trouve ... /comme j'ai longtemps vécu ...* , omission d'une fonction, ou d'un subordonnant, *je cite ce cas, parce que *ø me semble exemplaire* (sujet)/ *... parce qu'il me semble exemplaire, j'espère *ø elle m'enverra la photo* (subordonnant *que*)/*j'espère qu'elle m'enverra la photo.*

Les erreurs d'unités impliquent soit la substitution d'un élément (unité significative minimum ou fonction) par un autre, soit la présence d'une unité dans un contexte qui exige son absence, *il est* **un étudiant/il est étudiant* ou inversement, *ils ont aimé* **ø cadeaux des enfants/ils ont aimé les cadeaux des enfants*. Les erreurs de prépositions ou de subordonnants ont été rattachées à la syntaxe, bien qu'il s'agisse d'unités grammaticales, dans la mesure où ce sont des marqueurs de fonction.

1.2. Les erreurs de forme

Seule la forme graphique est altérée; le sens n'est pas touché.

1.2.1. Le niveau lexical

Dans **parfun/parfum*, *(il)* **prennait/ (il) prenait*, les graphèmes *um* et *n* ont été remplacés par *un* et *nn*, qui sont susceptibles d'apparaître dans d'autres contextes, *brun*, *(nous) donnons*.

1.2.2. Le niveau grammatical

La forme des éléments grammaticaux est, elle aussi, susceptible de varier en fonction du contexte. Dans *elle ne veut pas* **du thé/elle ne veut pas de thé*, l'article partitif doit prendre la forme *de* à cause de la présence de la négation, et du fait que la phrase ne comporte, entre autres, ni de relation de contraste, *elle ne veut pas du thé mais du café*, ni de détermination, *elle ne veut pas du thé que tu lui as préparé*. De même, les formes du passé simple et de l'infinitif sont imposées par le verbe, auquel se rattachent ces unités, *il* **voula/il voulut*, **souffrer/souffrir*.

1.2.3. Le niveau syntagmatique

Les unités dans la chaîne parlée entretiennent non seulement des rapports de dépendance syntaxique, mais aussi des rapports de dépendance formelle, qui résultent en général des précédents. Néanmoins, il paraît indispensable de les différencier, car ils peuvent être altérés indépendamment les uns des autres: l'erreur d'accord en genre dans *la* *petitø fille ne remet pas en cause le rôle d'épithète de *petitø vis-à-vis de *fille*; elle ne concerne que la relation formelle qui doit s'instaurer entre les deux unités. A l'inverse, l'absence du sujet grammatical *il* dans *ø faut partir, admise dans certaines situations de communication orale familière, mais difficilement acceptée à l'écrit, touche la syntaxe; elle n'affecte pas la forme, puisque le verbe porte la marque de la troisième personne, cf. *faut*. Ces erreurs ont été placées au niveau syntagmatique, compte tenu du fait qu'elles proviennent de la mise en relation des unités dans l'énoncé, mais qu'elles n'altèrent ni les unités elles-mêmes, ni leur fonction. Elles regroupent les erreurs d'accord en genre, *une *grandø amie/une grandę amie*, en nombre, *il y a peu de *nouveauø films/il y a peu de nouveauxfilms*, en personne *je *dit/je diş*, ainsi que les erreurs de position des éléments et des fonctions dans la phrase *il *souvent joue au tennis/il joue souvent au tennis, elle est *y allée/elle y est allée*.

1.2.4. Le niveau syntaxique

Il arrive que certaines fonctions prennent des formes différentes, lorsqu'elles sont assumées par un nom et par un pronom personnel: dans *elle a annoncé la bonne nouvelle à Pierre* et *elle lui a annoncé la bonne nouvelle*, la fonction d'objet indirect *à*, appelée parfois objet second, ou fonction dative, est représentée par un syntagme prépositionnel postposé au verbe quand le complément est un nom, et par l'amalgame de la préposition et du pronom, manifesté par la forme tonique de ce dernier, s'il s'agit d'un pronom personnel; il se place alors avant le verbe. Un segment du type *à lui* dans *elle a annoncé la bonne nouvelle *à lui/elle lui a annoncé la bonne nouvelle* est par suite considéré comme une erreur de forme syntaxique à laquelle s'ajoute une erreur de position, les deux étant ici solidaires; la fonction d'objet indirect *à* n'est pas touchée.

Un même élément peut comporter plusieurs erreurs: **acşepteş* dans *il ne les *acşepteş pas* présente à la fois une erreur de forme lexicale sur le verbe, *accepte*, et une erreur de forme au niveau syntagmatique concernant l'accord.

1.3. Les erreurs de stratégie communicative

Elles ne portent pas sur un élément particulier du système, contrairement aux précédentes, mais sur une vision de l'expérience communiquée, différente de celle qu'impliquerait la langue cible, et dictée par d'autres langues, langue maternelle, langues connues, ou sur une inadéquation entre les structures utilisées, la situation de communication et éventuellement les fonctions du discours auxquelles il est fait appel.

1.3.1. Les erreurs de codage de l'expérience

Elles consistent à transposer dans la langue cible, une structure empruntée à une autre langue, langue maternelle ou langues "secondes", **ma santé va bien/je* *vais bien*, *_la tête lui fait mal/il a mal à la tête._

1.3.2. Les erreurs de registre de langue

Le locuteur ne respecte pas, au niveau de la sélection des unités, certaines contraintes imposées par la situation dans laquelle se déroule le discours; le tutoiement réciproque ne peut être utilisé que si les "acteurs" en présence sont jeunes ou s'ils entretiennent des relations familières voire amicales. De manière analogue, il peut y avoir transfert à l'écrit de structures caractéristiques de l'oral, comme le détachement sans mise en valeur stylistique, *l'adolescence, *elle est une période difficile/l'adolescence est une période difficile*, l'insertion d'une interrogation directe dans une interrogation indirecte, etc., *tu sais *qu'est-ce-qu'il faut pour s'inscrire?/sais-tu ce qu'il faut pour s'inscrire?.*

1.3.3. Les erreurs pragmatiques

Le choix des éléments n'est pas adapté à la fonction du discours dans la situation envisagée: une formule du type *je t'aime bien Maria* peut difficilement clore une lettre pour rappeler des sentiments de simple amitié, comme c'est le cas dans le texte dont elle est tirée. Cette structure correspond à une fonction assertive, et non à une fonction expressive conventionnelle du type *bien amicalement*, qui ne fait que confirmer ce que l'allocutaire sait déjà.

Cette typologie ne doit pas être envisagée comme un cadre d'analyse rigide. Tout classement présuppose une part d'arbitraire, auquel il est difficile d'échapper: l'identification des erreurs pose non seulement le problème des normes à partir desquelles elles sont examinées, mais aussi celui de l'interprétation de la forme produite par rapport à la langue cible et aux langues déjà connues: dans *il va *cherche une échelle* le segment *cherche* produit par un anglophone doit-il être considéré comme une erreur de forme induite par l'identité formelle du verbe au présent et à l'infinitif en anglais, ou comme une erreur d'unité concernant l'infinitif? La prise en compte du seul système de la langue cible ferait opter pour la seconde solution, mais la connaissance du système de la langue maternelle incite à l'analyser comme une simple erreur de forme. En revanche, l'hésitation n'est plus permise, lorsque l'imparfait se substitue au passé composé, par exemple, *j'espère que tu te *rétablissais bien/j'espère que tu t'es bien rétabli*; la substitution correspond ici à une erreur d'unité, due à une interférence de l'anglais, l'imparfait s'opposant du point de vue du sens au passé composé en français. Il importe enfin que soient respectés, dans la mesure du possible, les choix linguistiques de l'apprenant (vocabulaire, structures, etc.), chaque locuteur ayant une façon particulière de communiquer une expérience donnée.

Lorsqu'il y a ambiguïté, et à défaut d'avoir recours à l'aide de l'élève, la fréquence d'un même type d'erreurs peut, dans certains cas, permettre de trancher entre plusieurs interprétations.

Malgré ces difficultés, il paraît néanmoins indispensable de tenter de caractériser les erreurs, afin de mettre en place des stratégies pédagogiques spécifiques, de manière à créer une dynamique dans le processus d'acquisition, qui prenne en considération l'évolution de la compétence discursive des apprenants dans la langue cible.

2. Stratégies pédagogiques

Chaque type d'erreurs a des implications différentes au niveau de l'enseignement.

2.1. Les erreurs d'unités

Leur récurrence témoigne d'une "compétence transitoire" dans la langue cible. Elles exigent donc que soient pris en compte simultanément les rapports d'opposition au sein du système (commutation avec des antonymes, des synonymes, recours à la paraphrase...), et la combinaison des unités dans la chaîne parlée. Les éléments doivent être présentés dans des situations de communication qui justifient leur utilisation.

Pour faciliter la compréhension et l'acquisition de l'élément altéré, il convient de le placer, si possible, dans un contexte susceptible de faciliter la perception de son signifié, en choisissant des unités qui partagent certains de ses sèmes, ou traits de sens.

2.1.1. Le niveau lexical

Selon l'écart constaté entre l'unité produite et celle qui aurait dû l'être, l'attention sera centrée en priorité sur les sèmes génériques, lorsque le rapport de sens entre les unités concernées est lointain, voire inexistant, et sur les sèmes spécifiques, si les éléments en cause relèvent d'un même champ lexical.

Dans *les distractions, c'est un *problème nécessaire pour les jeunes*, outre le fait que la structure elle-même est discutable, l'expression *problème nécessaire* renvoie d'après le contexte à *besoin*. Il importe ici de faire percevoir que le terme *problème* implique une absence de solution à une situation particulière, susceptible d'être accompagnée d'une recherche de solution, au moment où a lieu l'acte d'énonciation, alors que *besoin* correspond à une nécessité réelle ou posée comme telle, qui n'est pas toujours satisfaite, mais qui généralement peut l'être, (a) *les jeunes doivent se distraire, ils ont besoin de distractions*, (b) *mais en banlieue, ils ne le peuvent pas, c'est un problème, il n'y a ni cinéma, ni théâtre*; la présence du sème "nécessité" dans *devoir* induit celui de *besoin*, tout comme les traits "absence de possibilité" dans *ne peuvent pas* permettent d'inférer le sens de *problème*, et ce d'autant plus qu'ils sont confirmés par "l'absence d'existence" dans *il n'y a ...*

La démarche consiste à jouer sur la combinaison des sèmes dans le contexte, pour faciliter leur perception et amener progressivement à la compréhension du terme. Mais elle ne concerne pas seulement les unités lexicales; les unités grammaticales assument également un rôle important: ainsi dans le cadre de l'opposition *savoir*, verbe exprimant un état, et *apprendre*, verbe d'accomplissement, l'emploi de l'imparfait à valeur durative, associé à un complément de temps qui renforce la notion de durée, opposé à l'utilisation conjointe du passé composé pour signaler le résultat du procès et d'un complément de temps de type ponctuel, permet de souligner l'aspect non borné de *savoir* et le caractère limité de *apprendre*, le premier étant le résultat du second: *Pierre savait la nouvelle depuis plusieurs jours, Paul ne la savait pas* (ou *Paul l'ignorait* si le terme est déjà connu, afin de rappeler l'opposition des deux éléments), *il l'a apprise hier*.

2.1.2. Le niveau grammatical

La prise en considération des unités lexicales peut faciliter l'identification de la valeur des unités grammaticales, dont la variation de sens et d'emploi d'une langue à l'autre rend souvent difficile l'acquisition.

Le passé simple et l'imparfait situent tous les deux le procès antérieurement à l'acte de parole; mais le passé simple a une valeur ponctuelle, contrairement à l'imparfait qui ne pose pas de limite: cette différence peut être mise en évidence par la combinaison du passé simple avec un verbe d'achèvement ou d'accomplissement, et de l'imparfait avec un verbe d'état ou d'activité; leur contraste dans l'énoncé sert à renforcer leur opposition, *il l'interrompit brutalement pendant qu'elle parlait*.

Cependant, les unités grammaticales ne font pas simplement l'objet d'un choix en fonction du sens qu'ils ont à transmettre; ce choix est aussi conditionné par le rôle que le locuteur leur attribue au niveau textuel.

Dans le récit, le passé simple, compte tenu de sa valeur, met le procès au premier plan, et exprime le déroulement de l'action, tandis que l'imparfait le place à l'arrière-plan et sert à préciser le cadre, à décrire un état. De même, l'article indéfini signale souvent l'élément rhématique, c'est-à-dire l'unité qui introduit une information nouvelle; le syntagme dans lequel il est inséré est donc susceptible de faire l'objet d'une question. Le défini accompagne généralement l'élément thématique, déjà connu: ainsi, dans **des professeurs étaient des religieuses/les professeurs étaient des religieuses*, la relation attributive qui caractérise le sujet, *professeurs,* correspond au rhème de l'énoncé et présuppose que ce dernier soit identifié, d'où l'emploi du défini. Dans *le chat est sur *un toit de la voiture/le chat est sur le toit de la voiture, le chat est sur le toit d'une voiture*, l'indéfini, **un toit*, doit être remplacé par le défini, *le toit.* Cela s'explique notamment par le fait que *toit* est spécifié, puisqu'il est déterminé par un complément de nom. *Voiture* peut être affecté du défini ou de l'indéfini, selon l'environnement dans lequel la phrase est utilisée. Le défini implique que *la voiture* est connue de l'interlocuteur, soit parce que le locuteur se réfère à une situation précise, le défini prend alors une valeur déictique, soit parce qu'elle a été présentée dans le contexte antérieur, il joue dans ce cas un rôle anaphorique. En revanche, si rien ne permet d'identifier le terme, l'indéfini est obligatoire.

La progression thématique impose aussi certaines règles qui peuvent être plus ou moins contraignantes: l'enchaînement des phrases à l'aide de la nominalisation, *à Paris, les appartements sont mieux construits qu'à Besançon, mais *louer est cher/à Paris, les appartements sont mieux construits qu'à Besançon, mais les locations sont chères,* la reprise pronominale d'une même information à la place d'une simple répétition, *je viens de recevoir ta lettre, et je suis très heureuse de *ta lettre/je viens de recevoir ta lettre, et j'en suis très heureuse,* etc.

Un texte n'est pas une simple succession de phrases, il obéit à des règles de structuration propre. Il importe donc de sensibiliser progressivement les apprenants à l'incidence que peuvent avoir ces différents choix dans la transmission et la répartition de l'information au sein du discours.

2.1.3. Le niveau syntaxique

Les fonctions syntaxiques régies par les verbes, objet direct, objets indirects *à*, *de*, etc., ne peuvent être abordées que par leur intermédiaire, puisque ce sont eux qui les imposent. Le recours à la pronominalisation et en particulier à l'interrogatif, notamment l'interrogatif complexe, dans le cas des fonctions sujet *qui est-ce-qui?/qu'est-ce-qui?*, et objet direct, *qui est-ce-que?/qu'est-ce-que?* peut servir à les introduire, en les différenciant des fonctions indirectes, toujours accompagnées de la préposition, *de qui parles-tu?*, *à quoi penses-tu?*, *qu'est-ce qu'il raconte?/il raconte ses aventures* (objet direct), *de quoi parle-t-il?/il parle de ses aventures* (objet indirect *de*).

Ce procédé permet de montrer:

- qu'une même forme peut renvoyer à plusieurs fonctions, *qu'est-ce qu'il propose?/il propose d'aller au cinéma*: le segment *d'aller au cinéma* est un objet direct, *de* n'étant ici qu'un indicateur d'infinitif, comme le confirme la pronominalisation, *il le propose*; en revanche, dans *de quoi parle-t-il?/il parle d'aller au cinéma*, les syntagmes introduits par *de* sont des compléments d'objet indirect; il en va de même pour la proposition *qu'il s'était trompé*, laquelle est tantôt complément d'objet direct, *que croyait-il?/il croyait qu'il s'était trompé*, tantôt complément d'objet indirect *de quoi se souvenait-il?/il se souvenait qu'il s'était trompé*;

- et inversement, qu'une même fonction peut avoir plusieurs formes, *que souhaite-t-il?/il souhaite aller au cinéma*, *que propose-t-il?/il propose d'aller au cinéma*. Dans les deux cas, l'on a affaire à un objet direct, cf.*il le souhaite*, *il le propose*.

La pronominalisation à l'aide de l'interrogatif permet d'unifier la fonction, malgré ses variantes formelles, ce que n'autorise pas toujours le pronom personnel, qui en fonction objet peut être représenté, selon la nature définie ou indéfinie du syntagme nominal, par *le, la, les, en, en...un*, *il aime écouter les jeunes/il aime les écouter, il aime écouter des histoires/il aime en écouter*. L'emploi de la forme complexe peut présenter un avantage par rapport à celui de la forme simple, du fait qu'elle dissocie la fonction, signalée par le dernier élément, *qui*, fonction sujet, *que*, fonction objet, du caractère animé ou inanimé de l'élément auquel elle se substitue, marqué par l'interrogatif *qui*, animé, *qu'*, inanimé.

Le sens de certains verbes peut varier en fonction de leur rection: certains, par exemple, admettent soit un objet indirect *à*, soit un objet indirect *de*, *il rêve à son prochain voyage/il rêve de son prochain voyage*. La différence de construction peut alors s'expliquer par la distinction sémantique que chacune de ces structures implique: *rêver à* devra être rapproché de *songer à*; la préposition *à* indique en quelque sorte une direction et permet de préciser ce vers quoi est orientée la pensée. L'élément introduit par *de*, au contraire, renvoie généralement à l'objet d'un rêve ou d'un souhait. Toutefois, il n'y a pas parallélisme absolu entre le changement de construction et le changement de sens. Dans certains contextes, la différence sémantique peut s'atténuer, en particulier lorsqu'il s'agit de compléments de type animé, *il a rêvé à ses parents cette nuit, elle ne rêve jamais de lui*. D'autre part, si l'objet indirect est un verbe à l'infinitif, la préposition *de* s'avère obligatoire, bien que *rêve* exprime un souhait, *il rêve de voyager*.

Les autres éléments de relation, prépositions non imposées par la rection verbale, subordonnants à valeur circonstancielle, ou coordonnants, ont un comportement analogue à celui des unités lexicales, et par suite font l'objet d'un même traitement. Ce sont leurs traits de sens spécifiques mis en valeur par le contexte linguistique qui permettra de les différencier: *à* et *dans* n'ont pas la même signification, *il habite à Paris/il habite dans Paris*; *à* traduit une fonction spatiale ponctuelle, qui peut être relativement vague; *dans* insiste sur l'intériorité du lieu désigné. Par conséquent, on pourra mettre en parallèle les compléments *il habite à Paris, il habite à la campagne, il habite au bord de la mer* qui n'exigent pas de précision, et *il habite dans Paris, il habite dans un appartement, il habite dans une maison*, qui font ressortir le trait "intériorité".

Certaines erreurs concernent la structure elle-même et non le choix d'une préposition ou d'un subordonnant: dans *j'attends *ø il part*, la proposition subordonnée doit être introduite par le subordonnant *que*, et elle réclame l'emploi du subjonctif, *j'attends qu'il parte*. La présence de *que* est obligatoire en français; il paraît difficile d'en justifier l'emploi, sa seule raison d'être étant d'établir un rapport de dépendance entre la proposition et un élément de l'énoncé, en l'occurrence le verbe *attends*. La seule explication possible semble être le rappel du lien de dépendance de la proposition, exprimé par sa fonction, qui est semblable à celle du nom dans le même contexte, *j'attends son départ/j'attends qu'il parte*, objet direct, *qu'il parte m'étonne/son départ m'étonne*, sujet. Le segment *il part* est en mesure de fonctionner comme un énoncé autonome, contrairement au syntagme nominal *son départ*; la commutation entre les deux segments devient alors impossible.

La coordination entraîne souvent des erreurs dans la mise   en facteur commun de certaines unités: la phrase *je suis très heureuse de recevoir ta lettre et *ø apprends que tu allais te marier* aurait exigé la mise en facteur commun de la relation sujet-noyau prédicatif, *je suis très heureuse* et non du seul sujet *je, je suis très heureuse d'avoir reçu ta lettre et d'apprendre que tu allais te marier*. Il convient ici de montrer que *apprendre* ... détermine *heureuse* au même titre que *avoir reçu* ..., cf. *pourquoi est-elle heureuse?*. A l'inverse, dans *il a écouté *ø, mais n'a pas su répondre aux questions*, la mise en facteur commun de *questions* n'est pas possible: *écouter* exige un objet direct, alors que *répondre* réclame un objet indirect. Comme les deux verbes n'admettent pas la même construction, chaque verbe doit recevoir son complément, l'objet indirect devant être exprimé au moyen d'un pronom, puisqu'il reprend sémantiquement l'objet direct, *il a écouté les questions, mais n'a pas su y répondre*.

2.2. Les erreurs de forme

Elles impliquent que l'on tienne compte des règles qui imposent la présence d'une forme particulière dans un contexte donné, ou qui déterminent la position des éléments dans la chaîne parlée: le pronom relatif varie suivant la fonction qu'il exerce dans la proposition relative, et dans certains cas selon le caractère animé ou inanimé de l'antécédent: quelle que soit la nature de celui-ci, le relatif prend les formes *qui*, quand il est sujet, *la personne qui vient, l'image qui apparaît*, et *que* lorsqu'il est objet, *l'homme que j'aperçois, la région que j'ai visitée*. S'il s'agit d'un objet indirect *à*, la forme *qui* n'est possible qu'avec un antécédent animé, *la personne à qui je parle*. De manière analogue, lorsqu'un complément d'objet direct est représenté par un pronom personnel, il doit se placer avant le complexe verbal, *je le crois, je l'ai cru*.

2.2.1 Les niveaux lexical et grammatical

Il n'a pas été jugé nécessaire de dissocier les deux grandes catégories d'unités; ce sont les mêmes types de contraintes formelles qui régissent l'emploi d'une forme aux dépens des autres réalisations possibles pour un élément donné: le verbe *aller*, par exemple, prend les formes *vais* à la première personne du présent de l'indicatif, *all* à l'imparfait, *j'allais, ais* exprimant le passé, *i* au futur, *j'irai*, etc.

Toutes les erreurs ne se prêtent pas nécessairement à une intervention sur le plan pédagogique: certaines sont dues au caractère purement arbitraire du signifiant, et la forme requise demande simplement à être mémorisée: c'est le cas, par exemple, de *silence*, orthographié *çilence. Cette graphie est tout à fait possible, cf. *cil*. Elle résulte de l'absence de relation biunivoque entre phonème et graphème, à laquelle doivent s'habituer les apprenants, un phonème pouvant être représenté par plusieurs graphèmes et inversement.

Dans d'autres cas, l'erreur peut être due à une prononciation défaillante, résultant d'une mauvaise perception, **sourtout/ surtout*, **avortif/ abortif*, ou à une influence de la forme graphique de la langue maternelle dans la langue cible, comme l'omission des accents, la substitution d'un graphème par un autre, etc., **procedé/procédé*, **example/exemple*. Il faut alors élaborer des exercices de discrimination auditive, accompagnés d' exercices de transcription graphique, pour que soient associés de façon systématique, son, phonème, et graphème correspondant. Il est souhaitable de conserver le même environnement, pour éviter des difficultés supplémentaires, et ne pas disperser l'attention, *pour/pur, il est au-dessous de l'armoire/il est au-dessus de l'armoire*. Le cas de l'emprunt est plus difficile à résoudre. Si plusieurs termes présentent un comportement analogue, il est possible d'envisager un parallélisme entre la langue de départ et la langue d'arrivée; sinon, ce dernier ne peut être effectué que de manière ponctuelle.

Certaines erreurs impliquent la prise en compte de plusieurs facteurs:

- Les règles morphologiques dérivationnelles

Le choix du graphème complexe *um* dans *parfum* s'explique à partir du verbe *parfumer*. La juxtaposition dans un même contexte en facilite l'acquisition, puisqu'il y a dissociation à l'oral des deux éléments qui constituent le graphème *um*, à savoir les sons [y] et [m], cf.[parfyme], *elle s'est beaucoup parfumée, son parfum sent fort*. Une procédure analogue peut être utilisée, lorsqu'un élément se termine par une consonne muette, *il va bientôt partir, l'heure du départ vient d'être affichée*. C'est la raison pour laquelle il est préférable d'introduire les adjectifs à consonne finale non prononcée par l'intermédiaire du féminin plutôt que du masculin. Cela permet de mettre en évidence la consonne graphique, puisqu'au féminin elle est prononcée, *une petite maison* [p∂tit]/*un petit jardin* [p∂ti].

Le processus de dérivation peut entraîner le redoublement de la consonne graphique avec ou sans changement de forme phonique, *bon/bonnement, nul/nullement*, ou modifier le graphème final de l'unité de base, *fréquent/fréquemment*. Pour éviter des formes telles que **fréquenment*, il est nécessaire de montrer à travers des exemples, que le graphème complexe *en* correspondant à la nasale [ã] s'adjoint une consonne *t*. Celle-ci se prononce lorsqu'elle se trouve dans un élément qui est au féminin, mais elle devient muette au masculin, *des réunions fréquentes* [frekãt]/*des séjours fréquents* [frekã]. A l'oral, cette consonne tombe dans le dérivé [frekamã]. La voyelle nasale [ã] est remplacée par la voyelle orale correspondante [a], ce qui a pour conséquence à l'écrit la disparition du *t* et la substitution du *n* par *m* dans le graphème, due au fait que ce dernier est en contact direct avec la consonne graphique *m* du suffixe *ment*. Ce phénomène se retrouve dans toute une série de dérivés, que la nasale de l'unité de base soit transcrite *en*, *prudent/prudemment* ou *an*, *constant/constamment*.

- Les contraintes phonétiques

Elles s'exercent entre des unités successives dans la chaîne parlée: *voiture*, étant du féminin, réclame la forme *la* de l'article défini, *la voiture*, mais lorsque l'article est immédiatement suivi d'un élément à initiale vocalique ou d'un h "non aspiré", que le nom soit au féminin ou au masculin, les formes *la* et *le* sont remplacées par la forme élidée, *l'* afin d'éviter le hiatus, *l'ancienne voiture*, *l'arbitre*. L'adjectif possessif connaît des modifications analogues au féminin: *sa*, *sa voiture*, cède la place à *son* devant une voyelle ou un h "non aspiré", *son ancienne voiture*. Il faut alors mettre en parallèle le changement de l'article défini et celui de l'adjectif possessif avec les noms au féminin, ou de l'article défini et de l'adjectif démonstratif avec les noms au masculin, *le tableau/ce tableau, l'artiste/cet artiste*. Mais il est bon de rappeler le genre du substantif, au cas où il ne serait pas connu, par l'intermédiaire de l'article indéfini, *il a acheté une nouvelle voiture, l'ancienne était trop petite, mais il regrette son ancienne voiture*.

Certains adjectifs tels que *beau*, *vieux*, présentent un comportement analogue, *un bel homme/un homme beau*. La forme primitive *bel* se substitue à *beau* dans les mêmes conditions que celles qui exigent le remplacement de *ce* par *cet*, (élément suivant avec voyelle, ou h "non aspiré" à l'initiale, et substantif masculin au singulier), *elle a un beau garçon/c'est un bel enfant*. Un rapprochement pourra donc être opéré entre ces deux ensembles d'unités: *ce vieux château/cet ancien monastère, ce vieux village/ce vieil appartement*.

- Les contraintes lexicales

La forme de certains éléments grammaticaux est imposée par les unités lexicales avec lesquelles ils se combinent: le passé simple, par exemple, se manifeste sous les formes *ai, as, a* ..., quand il détermine un verbe à infinitif en *er, is, it* ... avec certains verbes à infinitif en *ir*, etc.; la personne sujet réclame ses propres variantes, *ai* opposé à *as, a*, etc. Pour justifier la différence de forme, il est nécessaire de passer par le verbe à l'infinitif, et de proposer, de préférence, la deuxième ou la troisième personne du passé simple, *a(s)*, avant de présenter la forme *ai*, qui, phonétiquement, se confond avec l'infinitif, *il ne savait pas chanter, il chanta pour la première fois à la fête du village, il voulait dormir, mais il ne dormit point à cause du bruit.*

- Les contraintes grammaticales

A l'inverse, la forme de certaines unités lexicales est déterminée par leur combinaison avec des éléments grammaticaux; c'est le cas en particulier des verbes qui ont deux ou plusieurs formes de base comme *dormir, finir*. Une comparaison peut être établie entre les variantes formelles du verbe au présent ou à l'imparfait, et les formes qu'il doit prendre au passé simple, *d'habitude, il dormait bien/hier, il dormit très mal, d'ordinaire, il finissait son travail à temps/hier, il le finit avec du retard.*

Cette confrontation de l'imparfait et du passé simple, tout en rappelant leur différence de sens, est utilisée ici pour montrer que les verbes dits du deuxième groupe, qui ont une forme brève *fini-* et une forme longue terminée par un double *s, finiss-*, prennent la forme courte au passé simple, *je/tu finis, il finit*, alors que les verbes en *ir* du troisième groupe se manifestent sous la forme longue, *dorm-, il dormit*, et non sous la forme brève *dor-*.

- Les contraintes syntaxiques

Le signifiant de certaines unités change selon la fonction qu'ils assument dans la phrase, (a) *c'est la personne qui a appelé*, (b) *c'est la personne que tu voulais voir*. Le relatif prend successivement les formes *qui* et *que*, parce qu'il est alternativement sujet, *qui*, et complément d'objet direct, *que*. Les énoncés *c'est la personne *qu'a appelé* ou *c'est la personne *qui tu voulais voir* dénotent une erreur de forme, puisque le signifiant proposé ne respecte pas celui que réclame la fonction; mais il n'y a pas erreur de fonction syntaxique: en l'absence d'un élément susceptible d'être sujet, *qu'* dans *c'est la personne* *_qu_'a menti_ ne peut qu'exercer cette fonction; de manière analogue, la présence du sujet _tu_ dans _c'est la personne_ *_qui_ tu voulais voir_ confère indirectement à _qui_, malgré sa forme, la fonction d'objet direct. L'attention doit ici se porter sur les formes qu'exigent les fonctions, d'où la nécessité de rappeler ces dernières, _cette personne a appelé?/oui, c'est bien la personne qui a appelé._

2.2.2. Le niveau syntagmatique

L'accord en personne, au passé simple, est susceptible de varier selon la forme de l'élément grammatical exigée par le verbe. Il importe une nouvelle fois de souligner certaines symétries fonctionnelles, en particulier avec le présent, _il travaille/il travailla, il part/ il partit_. Seuls les verbes du premier groupe, qui n'admettent pas la marque _t_ à la troisième personne du présent, l'excluent aussi au passé simple.

La position des unités obéit souvent à des règles strictes sans justification apparente; des exemples, si possible de type contrastif, peuvent aider à la mémoriser: _il travaille beaucoup, et il a beaucoup travaillé, il a vu le film, il l'a aimé, il a vécu à Paris, il y a habité longtemps._ L'objet direct et la fonction locative présentent un même comportement: ils n'occupent pas toujours la même position; ces fonctions sont postposées au syntagme verbal, quand elles sont assumées par un nom, alors qu'elles le précèdent, si elles sont manifestées par un pronom.

2.3. Les erreurs de stratégie communicative

Touchant à la compétence communicative, elles présupposent, outre la prise en charge de facteurs strictement linguistiques, celle des divers paramètres qui interviennent dans l'acte de communication: situation, locuteurs, fonctions pragmatiques des actes de langage, etc.

2.3.1. Les erreurs de codage de l'expérience

Elles constituent, en réalité, une classe intermédiaire entre les erreurs d'unités cf. 1.1. et les erreurs de stratégie communicative cf. 1.3. Néanmoins, elles ont été regroupées avec ces dernières, du fait qu'elles ne concernent pas une unité particulière, mais une vision globale de l'expérience, qui entraîne une modification complète de la structuration du message, *_aide-moi à lui envoyer mon salut/transmets lui mes amitiés._ Elles résultent généralement d'interférences avec la langue maternelle.

Il importe alors de faire prendre conscience à l'apprenant de la diversité des approches d'une même situation, en essayant de proposer plusieurs exemples fonctionnant sur un schéma identique, pour en déduire des règles de formation des énoncés: *il traversa la rivière à la nage* (angl. *he swam across the river*), *il traversa la rue* (angl. *he walked across the street*), *il descendit l'échelle* (angl. *he climbed down the ladder*). Dans ces exemples, le verbe français exprime l'orientation du mouvement, et le verbe anglais, le mode de réalisation du mouvement, la direction étant signifiée par les prépositions *across* et *down*. Mais ce parallélisme peut aussi entraîner des généralisations hâtives.

2.3.2. Les erreurs de registre de langue

Elles impliquent que soient caractérisés de façon très précise, la situation de communication (référence ou non à l'environnement immédiat, au domaine du quotidien ou à un domaine de spécialité, etc.), les protagonistes du discours, aussi bien sur le plan individuel (âge, sexe, personnalité, milieu social...) que relationnel (rapports familiers, amicaux, formels), les actes de langage , etc.

Un même thème, la rencontre, est ainsi abordé différemment suivant qu'elle a lieu entre adolescents, enseignants et étudiants, collègues, personnes qui ne se connaissent pas, et selon qu'elle se déroule dans la rue, sur le lieu de travail ou à la maison. Il en découle tout un jeu sur les formules de politesse, *salut/adieu* opposé à *bonjour Pierre, bonjour Monsieur Durand, bonjour Monsieur/au revoir Pierre*, etc., sur les pronoms, *tu/vous*, sur la formulation d'actes de langage ayant une même valeur illocutoire, *tu as du feu?*, *est-ce-que-tu as du feu?*, *avez-vous du feu?*, *auriez-vous du feu, s'il vous plaît?*

2.3.3. Les erreurs pragmatiques

L'accent doit être mis sur les fonctions des actes de langage dans une situation donnée, ainsi que sur la variété des formulations possibles.

L'ordre et la requête relèvent de la fonction directive, mais ils se différencient par leur mode de réalisation, l'ordre étant effectué généralement de façon directe, *donne-moi du feu*, et la requête, de manière indirecte, *auriez-vous du feu?*. Il est possible de distinguer ces deux types d'actes, bien qu'ils ressortissent à une même fonction, en proposant certains scénarios: dans le cadre d'un dialogue médecin/malade, la prescription médicale correspond à un ordre, qui peut être exprimé au moyen de structures de forme assertive, *vous prendrez deux cachets matin et soir*, le futur ayant une valeur prospective et par là même directive, ou à l'aide de l'impératif, *n'oubliez pas de boire beaucoup d'eau pour éliminer*. La demande de conseils de la part du malade est de l'ordre de la requête. Elle se manifeste habituellement par des structures interrogatives le plus souvent modalisées, *dois-je suivre un régime particulier?/est-ce que je dois suivre un régime particulier?*, ou par des structures assertives, incluant aussi des modalisateurs *je souhaiterais reprendre le travail rapidement*.

Certains ordres ne peuvent pas apparaître d'emblée sous une forme directive, en particulier quand il s'agit de relations formelles: les conventions sociales, comme la politesse, exigent qu'ils se dissimulent sous d'autres fonctions: c'est ainsi qu'ils peuvent se réaliser à travers une forme expressive, signalée entre autres par les termes *nous* et *reconnaissants* dans la phrase *si l'envoi annoncé ne vous est pas parvenu dans un délai de quinze jours, nous vous serions reconnaissants de bien vouloir nous en avertir*. Dans une autre situation, elle pourrait être remplacée par *si l'envoi ..., avertissez-nous*.

Il ressort de l'analyse que chaque type d'erreurs exige effectivement la mise en place de stratégies pédagogiques qui leur soient propres, compte tenu de leur spécificité. En conséquence, les exercices proposés devront être à la fois sélectifs et progressifs, traitant séparément les difficultés. Ils pourront être collectifs ou individuels, suivant la répartition de l'erreur chez les apprenants. D'autre part, la nature et la fréquence des erreurs varient nécessairement en fonction du niveau d'apprentissage: on peut supposer que les unités et la forme des unités sont plus affectées au départ, puisqu'il s'agit de découvrir une langue et que, de ce fait les possibilités de communication sont relativement limitées. Mais dès que celles-ci se développeront, les erreurs touchant à la fonction de communication vont apparaître. En d'autres termes, il n'y a pas "succession" des types d'erreurs, mais concomitance, à des degrés divers.

Cette étude n'est en fait qu'une première étape d'un traitement plus complet des erreurs, puisqu'elle se limite à la phrase. Il est indispensable que soit envisagé, dans un deuxième temps, le texte dans sa globalité, afin d'examiner les problèmes inhérents à l'organisation textuelle (progression thématique, emploi des anaphores, des connecteurs interphrastiques, etc.). Dans le cadre de la phrase, elle ne prétend pas non plus les épuiser, tout en essayant de les décrire dans leur diversité.

S'il est indéniable que la mise en évidence des erreurs et les solutions proposées peuvent être sujettes à controverse, elles n'en demeurent pas moins nécessaires à toute pratique pédagogique: d'une part, la prise de conscience de ces difficultés doit inciter l'enseignant à une plus grande tolérance face aux erreurs, ainsi qu'à une plus grande souplesse dans sa démarche; d'autre part l'erreur fait partie intégrante du processus d'acquisition: en tant que telle, elle constitue l'un des principaux supports de l'enseignement. Ce dernier ne doit pas être centré exclusivement sur le système de la langue cible, mais sur les productions discursives des apprenants en situation de communication. Cela permet ainsi de prendre en compte à la fois les divers types d'interaction dans le discours, et les différents niveaux de compétences, linguistique et communicative, en cours d'acquisition, afin que l'apprenant puisse s'impliquer de manière active dans le processus d'apprentissage.

Références

Besse, H., et Porquier, R. (1991) *Grammaires et Didactique des Langues*, Didier.

Lamy, A. (1981) *Pédagogie de la faute et enseignement de la grammaire*, BELC.

Sous la direction de Martinet, A. (1979) *Grammaire fonctionnelle du français*, Didier.

Porquier, R. (1977) "L'analyse des erreurs. Problèmes et perspectives", *Etudes de Linguistique Appliquée*, 25.

Raabe, H. (1982) "Réflexion sur la méthodologie de la correction des fautes: vers la correction communicationnelle", *Encrages*, 8-9.

Riegel, M., Pellat, J.C., Rioul, R. (1994) *Grammaire méthodique du français*, PUF.

Stati, S. (1990) *Le transphrastique*, PUF.

Weinrich, H. (1989) *Grammaire textuelle du français*, Didier

Notes

Les éléments erronés sont signalés par un astérisque, et les absences par ø.

La plupart des exemples sont extraits de mémoires de Maîtrise, cf. en particulier:

Rossi, N. (1989) *Les interférences lexicales et grammaticales chez des élèves anglophones apprenant le français*, Université de Toulouse-Le Mirail.

Analyse et application contrastive et comparative de l'article en français et en anglais

Inès Brulard, University of Northumbria at Newcastle

1. Introduction

1.1 Le transfert

L'analyse contrastive fut un domaine de recherche important dans les années soixante. Le concept de transfert considéré comme central dans l'hypothèse contrastive et dans le processus d'acquisition d'une langue seconde fut énoncé par Lado en 1957:

> [...] individuals tend to transfer the forms and meanings, and the distribution of forms and meanings of their native language and culture to the foreign language and culture - both productively when attempting to speak the language and to act in the culture, and receptively when attempting to grasp and understand the language and the culture as practised by natives (1957, 2).

Les travaux de cet auteur donnèrent l'impulsion à de nombreuses études contrastives qui visaient essentiellement l'enseignement des langues étrangères (par exemple R. DiPietro, 1964) et qui postulent que la langue maternelle de l'apprenant joue un rôle important dans l'acquisition d'une langue étrangère.

Des travaux subséquents ont mis en évidence la difficulté d'interprétation inhérente au concept de transfert[1]. Il faut cependant noter que la formulation de Lado lui-même ("tend to") suggérait déjà cette difficulté (Gass & Selinker,

1992, 2). Conscients de la nécessité d'acquérir une plus grande précision descriptive, de nombreux chercheurs ont effectué des analyses empiriques du comportement de l'apprenant d'une langue seconde[2]. Certains présupposés de l'analyse contrastive font à nouveau surface à travers les travaux dans lesquels la notion de transfert occupe une place de choix pour comprendre les processus d'acquisition d'une langue seconde. Selinker, par exemple, énonce ici de façon plus explicite ce qui était déjà proposé dans *Rediscovering Interlanguage* (1991):

> In forming IL (Interlanguage) competence the basic learning strategy is that of interlingual identifications, with the learner (in ways we do not understand) trying to make the same what in systemic terms cannot be the same (ms, 17).

Ainsi, de nombreuses questions restent à l'ordre du jour dans les travaux actuels concernant l'acquisition d'une langue seconde. Il s'agit de savoir, par exemple, ce que l'on entend exactement par "transfert", ce qui est transféré, et comment identifier l'influence de la langue maternelle dans l'apprentissage d'une langue seconde. Certains auteurs ont souligné que les facteurs qui déterminent le transfert vont au-delà des notions de similarité et de différence entre deux systèmes linguistiques. Kellerman souligne, par exemple, le rôle de l'apprenant "comme participant actif dans le processus d'apprentissage", puisque c'est lui qui "décide de ce qui peut ou non être transféré" (dans Gass & Selinker, 1992, 7). D'autres approches, se situant dans le cadre de la Grammaire Universelle essaient de déterminer la relation entre le transfert et les universaux langagiers[3].

1.2 Analyse contrastive et comparative

L'objet de cette étude étant plutôt de nature appliquée, nous ne mentionnerons pas les divers facteurs cognitifs pouvant jouer un rôle dans l'acquisition du français comme langue seconde. Nous examinerons plus particulièrement ici le cas de l'article défini et indéfini (les articles partitifs seront considérés comme sous-catégorie de lindéfini). Nous présenterons tout d'abord les différents articles utilisés en français et en anglais de façon systématique. En opposition aux analyses contrastives qui tendent à se concentrer uniquement ou essentiellement sur les différences entre deux systèmes linguistiques, nous soulignerons lImportance dexpliciter les aspect contrastifs *et* non-contrastifs des deux systèmes linguistiques; en effet on verra que le phénomène de transfert peut avoir des effets positifs sur l'apprentissage d'une langue seconde. Il nous paraît dès lors tout aussi important de considérer les ressemblances que les différences dans le fonctionnement de l'article dans les deux langues. C'est la raison pour laquelle nous avons recours au terme *comparatif* pour qualifier une démarche qui, tant au niveau de l'analyse théorique qu'au niveau de l'application pédagogique, ne sous-entend pas une concentration sur les seules différences.

Cependant, en plus des similarités et des différences entre le français et l'anglais, notre analyse théorique comparative mettra en évidence les domaines qui, à l'intérieur du système de détermination français, peuvent s'avérer problématiques pour des apprenants anglophones. En effet, comme le montre Schachter (1992, 32-46), ce n'est pas seulement la langue maternelle qui est à la base des hypothèses que l'apprenant forme à propos de la langue cible mais aussi "la connaissance antérieure" ("previous knowledge") à la fois de la langue cible et de la langue première. Cette étude mettra en relief à la fois l'influence de la langue maternelle et de ce que l'apprenant a déjà appris à propos de la langue cible.

Le rôle de l'analyse que nous proposons ici est donc d'identifier un certain nombre de problèmes pour l'apprenant. Cette première partie théorique sera confrontée, dans la seconde partie, à une analyse d'erreurs commises par des apprenants anglophones. On peut s'étonner de voir ces deux types d'analyse figurer côte à côte. En effet, les deux approches sont très différentes: alors que l'analyse d'erreurs part des erreurs empiriques commises pour ensuite les expliquer, le comparatiste part de l'analyse de deux systèmes et sur cette base, prédit le comportement de l'apprenant. Notre position est que les deux démarches ne peuvent être séparées; elles sont complémentaires. Comme le note Hamp (1968, 146), l'énumération pure et simple des erreurs est *taxonomique* et n'est pas à proprement parler une *analyse*. En effet, analyser signifie expliquer la nature et les causes des erreurs observées. Et Hamp encore de souligner le fait que, en plus des erreurs commises, les erreurs *potentielles* doivent pouvoir être envisagées. De plus, il me semble que cette approche "purement empirique" ne l'est, en fait, qu'apparemment: comment peut-on prétendre expliquer, voire prédire des erreurs similaires à celles qui sont commises dans un corpus donné, si on n'a pas au préalable une théorie. Cette interaction entre le théorique et "l'empirique" nous permettra enfin d'énoncer quelques suggestions pédagogiques.

1.3 Catégorisation conceptuelle

La catégorisation conceptuelle proposée ici reconnaît trois types de référence:

la référence virtuelle, générique et actualisée. Notre conception de la notion de référence virtuelle s'inspire des analyses de Bonnard (1986) et de Milner (1978), qui considèrent l'article zéro, indicateur de la référence virtuelle, comme un déterminant ayant une fonction particulière et devant être situé en opposition aux autres articles[4]. Ce point de vue s'oppose aux opinions selon lesquelles l'article zéro ne serait qu'un vestige d'anciennes structures du français ou serait confiné aux expressions "idiomatiques" (Ruwet, 1983) ou "figées" (Gross, 1983), les deux termes semblant suggérer la non-productivité comme critère définitoire de ces constructions.

Par *valeur virtuelle*, aussi appelée "non référentielle" (Picabia, 1986, 89), en opposition à la valeur référentielle ou "actualisée", on entend que le nom renvoie à la virtualité d'un objet dans le monde, parallèle à l'entrée dans le dictionnaire, formellement non déterminée[5]. Notre classification a donc été établie sur la base d'une opposition binaire entre référence virtuelle, d'une part, et référence actualisée, d'autre part. Quant à la position de la référence générique, nous suivons ici l'analyse de Milner qui considère que le nom de référence générique a une référence actuelle, simplement, "celle-ci coïncide avec la référence virtuelle" (1978, 27). En effet, l'emploi générique d'un nom est censé valoir pour tout référent actuel possible. Milner insiste cependant sur la nécessité de garder la distinction entre un nom en emploi générique et une unité lexicale hors emploi. Dans l'exemple [1], *le* générique indique que le "nom est traité comme tel, c'est-à-dire comme élément sélectionnellement dominant dans une structure" (1978, 26). Dans l'exemple [2], ce n'est pas le cas et *le* n'apparaît pas:

[1] *L'* homme est mortel vs   [2] Une table de Ø bois

Pour le reste, on a suivi la catégorisation habituelle adoptée pour les deux langues, c'est-à-dire la distinction entre *défini* et *indéfini*.

Le tableau comparatif suivant illustre ces distinctions référentielles:

	Français	Anglais
Référence virtuelle:	[3] Il a été accusé de Ø meurtre	[3a] He was accused of Ø murder
	[4] Les poissons de Ø rivière	[4a] Ø Freshwater fish
	[5] Un vase d'Ø or	[5a] A golden vase
Référence générique	[6] *L'*homme est mortel	[6a] Ø Man is mortal

	[7] *Les* gens sont souvent égoïstes	[7a] Ø People are often selfish
	[8] L'éclat de *l'*or	[8a] The glitter of Ø gold
Référence actualisée définie	[9] Prends *les* livres qui sont sur *la* première étagère	[9a] Take *the* books which are on *the* first shelf
	[10] Il fut accusé *du* meurtre de sa femme	[10a] He was charged with *the* murder of his wife
	[11] Les poissons de *la* rivière	[11a] The fish in (from) *the* river
indéfinie	[12] Apporte-moi *un* sandwich	[12a] Bring me *a* sandwich
	[13] Il fut accusé d'*un* meurtre qu'il n'avait pas commis	[13a] He was charged with *a* murder that he did not commit
	[14] Nous avons reçu *des* amis hier soir	[14a] We had Ø friends round last night
	[15] Aura-t-on *du* poisson ce soir?	[15a] Shall we have Ø fish tonight?

Les phrases [3] à [5] illustrent le caractère non référentiel de la valeur virtuelle. Elles doivent être contrastées d'une part, avec les phrases [10] et [11] dans lesquelles le nom a une référence actualisée définie (il s'agit d'un meurtre précis et de la rivière que le locuteur et l'interlocuteur connaissent ou dont ils sont en train de parler), et d'autre part avec la phrase [13], dans laquelle le nom a une référence actualisée mais indéfinie (il s'agit d'un meurtre particulier mais indéfini). Notons enfin la différence avec l'exemple [8] dans lequel le nom a une valeur générique.

Les valeurs exprimables par les divers articles existent donc dans les deux langues. Néanmoins, comme ce tableau l'indique déjà, un même type de référence peut se marquer par des articles différents dans les deux langues. C'est le cas de la référence générique, exprimée en français par l'article défini alors que généralement en anglais, l'article zéro est utilisé (exemples [6-8]); c'est aussi le cas de la référence actualisée indéfinie qui est exprimée en français par *des* avec des noms pluriels, et par le partitif avec des non comptables (–C), alors qu'à nouveau, en anglais, l'article zéro est utilisé (exemples [14-15])[6].

2. Analyse

2.1 Similarités entre les deux langues

Un premier point de convergence existe au niveau de la référence actualisée indéfinie d'un nom comptable singulier (exemples [12] et [12a]). On observe un second parallèle entre les deux systèmes au niveau de la référence actualisée et définie, que le nom soit comptable (+C), comme dans les exemples [9] et [9a] ou non comptable (–C), comme dans les phrases [16] et [16a]. Il y a deux façons, pour un nom, d'être actualisé de façon définie: il peut être défini de façon contextuelle[7], impliquant le locuteur et l'interlocuteur ([17]-[18]) ou bien linguistique. Dans ce dernier cas, la référence peut être anaphorique (comme dans les phrases [19] et [19a], puisque l'on réfère à quelque chose qui a déjà été mentionné, c'est-à-dire le livre) ou cataphorique (comme dans les phrases [9], [9a], [16], [16a], où ce qui rend le référent défini suit; il s'agit en [16] de la connaissance *qu'il a de ce sujet*):

[16] *La* connaissance qu'il a de ce sujet est impressionnante.
[16a] *The* knowledge which he has of that subject is impressive.

[17] *La* voiture est dans *le* garage.
[17a] *The* car is in *the* garage.

[18] Regarde, *le* chien poursuit *le* chat.
[18a] Look, *the* dog is chasing *the* cat.

[19] Ce projet de livre n'a pas abouti, *l'*auteur et *l'*éditeur n'ont pu se mettre d'accord.
[19a] This book project has fallen through, *the* writer and *the* publisher have not succeeded in reaching an agreement.

Troisièmement, au niveau de la référence virtuelle, on observe certaines similarités également (exemples [3] et [3a]). Cependant, il faut noter que dans certains cas, l'anglais aura recours à d'autres structures:

[20] Un chien de Ø berger
[20a] A sheepdog

[21] Un chien d' Ø aveugle
[22] A guide dog

Il existe enfin une similarité entre les deux langues pour marquer la référence générique avec des noms comptables et singuliers (+C sg):

[23] *Un* homme ne pleure jamais.
[23a] *A* man never cries.

[24] *Le* chien est un compagnon fidèle.
[24a] *The* dog is a faithful companion.

Il est important de noter qu'il existe cependant des restrictions à cet emploi générique de *le/the* et *un/a*. L'article indéfini n'apparaît généralement que dans les phrases moralisatrices et il ne peut être employé que si ce qui est dit de la classe en général est aussi possible pour n'importe quel élément individuel de l'ensemble. Les phrases suivantes sont donc incorrectes[8]:

*Un Maure est pour ainsi dire éteint.
*A Moor is now practically extinct.

*Un lion abonde dans la région.
*A lion abounds in the area.

Un individu ne peut être nombreux ou éteint: ce qui est dit du Maure ou du lion n'est valable que pour un ensemble, une classe. De plus - et cela nous mène aux zones de contraste entre les deux langues - pour exprimer la généricité, le français recourt plus fréquemment à l'article défini (que le nom soit comptable ou non comptable), alors que l'anglais utilise plus fréquemment l'article zéro avec des noms comptables pluriels, et cet article est obligatoire avec des non comptables (exemples [6-8]).

2.2 Zones de contrastes

On peut résumer les différences majeures entre l'anglais et le français par les remarques formulées par Biard (dans Krámský 1972, 119). Selon cet auteur, les différences majeures entre les deux langues s'expliquent par le critère de détermination: l'article est présent en anglais lorsque les noms peuvent être démarqués ou individualisés dans le réel. En français, par contre, cette détermination est idéalisée, transférée au non-réel. En anglais, contrairement au français, l'article ne pourra donc être utilisé pour exprimer la pluralité indéfinie, ni avec des noms non comptables ou des noms comptables pluriels à référence générique. Pour que l'article apparaisse, il faut qu'il y ait une détermination réelle comme dans les cas suivants:

The wine I bought yesterday was excellent (le nom est défini de façon linguistique: il s'agit du vin *que j'ai acheté hier*).
The dog is a faithful companion.

Dans ce dernier exemple, l'anglais reconnaît spontanément une identité spécifique qui représente un genre, une classe ou une catégorie d'objets; comme le note Christophersen (1939, 31), "for a moment it is almost as if there is no longer a class of individuals but only one dog, which is itself the whole species". En français, l'idée de détermination est plus développée, de sorte que n'importe quel objet, même abstrait, semble être déterminé en lui-même:

[14] Nous avons invité *des* amis vs
hier soir.

[14a] We had Ø people round
last night.

[15] Aura-t-on *du* poisson ce vs
soir?

[15a] Shall we have Ø fish
tonight?

[7] *Les* gens sont souvent vs
égoïstes.

[7a] Ø People are often selfish.

[25] J'aime *le* poisson.   vs

[25a] I like Ø fish.

En anglais, par contre, l'idée de détermination est plus limitée, plus stricte.

2.2.1 Référence actualisée indéfinie

Alors que pour les noms comptables singuliers (exemples [12]-[13]), l'article indéfini est utilisé dans les deux langues, au pluriel par contre, *des* correspond à l'article zéro en anglais (exemple [14]). De plus, comme le montrent les exemples [15] et [15a], l'article zéro en anglais a aussi comme correspondant en français l'article partitif qui est utilisé pour indiquer, en plus du refus de la spécificité, le refus du dénombrable; la quantité de l'objet indéfini n'est pas mentionnée[9]. Cet objet peut, comme en [15] et [15a], être "concret" mais il peut aussi être "abstrait" (exemples [26-27]), auquel cas le partitif marque une participation à une notion:

[26] Ils ont *du* talent.   [26a] They have Ø talent.

[27] Il faut *du* courage.   [27a] One needs Ø courage.

Le cas présenté dans la phrase [28] est souvent traité comme exception. Dans un sens, c'en est une, mais dans un autre, puisque ces adverbes (*trop, beaucoup, assez* ...) indiquent une quantité, on peut s'attendre à ce que le comportement de l'article soit différent. Je vais ici suivre l'exemple suggéré dans la dernière édition de la grammaire de Grevisse, qui mentionne un *de* partitif[10]. Cette hypothèse est réitérée clairement dans l'analyse de G. Aub-Buscher et G. Wilkinson. Selon ces auteurs, le *de* partitif précède les noms "désignant une partie quantifiée d'un tout non spécifié" (1993, 9):

[28] Je vais acheter beaucoup / un peu *de* lait.
[29] J'ai déjà assez *de* difficultés.

L'avantage de cette hypothèse est qu'elle nous permet de rendre compte du *de* négatif de la même façon: en effet, après la négation (ou après *sans* suivi d'un verbe), *de* apparaît devant le nom dans certains cas où la phrase positive aurait *un, des, du* ou *de la*. La raison en est identique: la négation indique qu'il y a une quantité déterminée, c'est-à-dire ici une quantité zéro. Les mêmes auteurs donnent les exemples contrastés suivants:

[30] Je ne te donnerai pas *d'* argent
vs   [30a] Je ne te donnerai pas *de l'*argent pour que tu le gaspilles (la quantité d'argent n'est pas indiquée)

[31] Il n'a pas bu *d'*eau (quantité d'eau nulle)
vs   [31a] Il n'a pas bu *de l'*eau (il a bu autre chose)

Les phrases [32] et [33] font référence à un autre cas spécial, celui où l'on a la préposition *de* suivie de *des, du, de la*, auquel cas l'article partitif est omis[11]:

[32] Le repas fut arrosé *de* vin (*de du vin)
[33] Le champ était bordé *de* haies (*de des haies)

L'utilisation de l'article partitif et du *de* partitif risquent bien de représenter un écueil majeur pour les apprenants anglophones. Un autre cas comparativement problématique est celui de l'expression de la référence générique des noms comptables pluriels.

2.2.2 Référence générique

La référence générique en anglais peut être exprimée par:

- Ø   avec des noms comptables pluriels (et exceptionnellement
       man/woman) comme dans les phrases [6a] et [34a]

       avec des noms non comptables (singuliers ou pluriels),
       comme dans les phrases [7a], [8a]. [25a]
- the avec des noms comptables singuliers comme en [24a] (et
       certains cas exceptionnels de noms pluriels)
- a   avec des noms comptables singuliers [23a]

On a donc, en anglais, deux types d'oppositions: l'une est faite sur base du nombre (singulier vs pluriel); l'autre est faite sur base du type de nom (comptable ou non comptable) exprimant une référence générique.

La situation est partiellement différente en français:

- *le, la, les* avec des noms comptables (singuliers ou pluriels)
- *un, une*   avec des noms comptables singuliers

Pour les noms comptables et singuliers on a donc en français comme en anglais le choix entre *un/a* ou *le/the*. Comme on l'a déjà souligné, il y a des restrictions à ces emplois et de plus, la valeur générique tend à être exprimée par d'autres moyens: pour exprimer la référence générique, l'anglais utilise plus souvent l'article zéro avec des noms comptables pluriels et cet article est obligatoire avec les noms non comptables[12]. De son côté, le français, utilise l'article défini *les* avec les noms comptables pluriels et *le/la/les* avec les noms non comptables singuliers ou pluriels. On peut donc s'attendre à ce que l'apprenant ait des difficultés avec des cas tels que:

[34] *Les* femmes (+C plur) sont très présentes sur le marché de l'emploi

[34a] Ø Women (+C plur) are strong competitors in the job market

[25] J'aime *le* poisson (-C sg)

[25a] I like Ø fish (-C sg)

[7] *Les* gens (-C plur) sont souvent égoïstes

[7a] Ø People (-C plur) are often selfish

3. Conclusions de l'analyse comparative

3.1 Tableau de synthèse

Les points ci-dessus nous permettent d'établir un tableau de synthèse, dans lequel sont comparés les articles utilisés dans les deux langues, accompagnés de leurs références possibles:

		Français	Anglais
Article zéro R é f é r e n c e virtuelle	+C	Il a été accusé de Ø meurtre Les poissons de Ø rivière	He was accused of Ø murder Ø Freshwater fish
	-C	Cette oie a un goût de Ø poisson	This goose tastes of Ø fish
R é f é r e n c e a c t u e l l e indéfinie	+Cpl		We had Ø friends round last night They sent them Ø telegrams this morning
	-C		We had Ø wine for dinner
R é f é r e n c e générique	+Cpl		Ø Women are strong competitors in the job market
	-C		I like Ø fish Ø People are often selfish

Le, la, les R é f é r e n c e a c t u a l i s é e définie	+Csg /pl	Ce projet de livre n'a pas abouti, l'auteur et l'éditeur n'ont pu se mettre d'accord La voiture est dans le garage Les poissons de la rivière	This book project has fallen through, **the** author and **the** publisher have not succeeded in reaching an agreement **The** car is in **the** garage
	-C	Le vin que j'ai acheté hier était excellent On mangera le poisson demain	**The** wine I bought yesterday was excellent We will eat **the** fish tomorrow

Référence générique	+Csg	Le chien est un compagnon fidèle	The dog is a faithful companion
	+Cpl	Les femmes sont très présentes sur le marché de l'emploi	
	-C	J'aime le poisson L'éclat de l'or Les gens sont souvent égoïstes	
Un, une, des Référence actualisée indéfinie	+Csg	Apporte-moi un sandwich Il a été accusé d'un meurtre qu'il n'avait pas commis Ils ont servi un vin excellent	Bring me a sandwich He was accused of a murder he did not commit They served an excellent wine
	+Cpl	Nous avons reçu des amis hier soir	
Référence générique	+Csg	Un homme ne pleure jamais	A man never cries
Du, de la, des, de Référence actualisée indéfinie	-C	Aura-t-on du poisson ce soir? J'ai acheté de l'huile pour ma voiture Ils ont du talent Je vais acheter un peu/ beaucoup de lait Le champ était bordé de haies	

3.2 Prédictions de l'analyse comparative

Une analyse comparative peut prédire des erreurs dues à l'interférence de la langue maternelle, mais elle peut aussi mettre en évidence des points qui, à l'intérieur du système français, seront source de confusions possibles. Un des problèmes pour l'apprenant anglophone est que l'article défini en français est utilisé non seulement pour l'expression de la référence actualisée (et définie) mais aussi pour exprimer une référence générique, alors que dans ce cas, l'anglais a recours à l'article zéro. Et comme l'indéfini *des* correspond également à l'article zéro en anglais, on peut prédire que l'apprenant anglophone éprouvera des difficultés à faire la distinction au niveau référentiel entre des énoncés tels que:

[35] J'ai rencontré *des* étudiants ce matin.

[35a] I have met Ø (some) students this morning.

[36] *Les* étudiants n'aiment pas la grammaire.

[36a] Ø Students do not like grammar.

Comme l'indéfini *des*, le partitif n'a pas de correspondant spécifique en anglais (l'article zéro est utilisé); on peut donc s'attendre à ce que l'apprenant éprouve des difficultés dans ce domaine également:

[26] Ils ont *du* talent.

[26a] They have Ø talent.

[15] Aura-t-on *du* poisson ce soir?

[15a] Shall we have Ø fish tonight?

On pourrait s'attendre à ce que l'apprenant reproduise la forme de l'article employé dans sa langue maternelle:

*J'ai rencontré Ø étudiants ce matin.
*Ø Etudiants n'aiment pas la grammaire.
*Ils ont Ø talent.
*Aura-t-on Ø poisson ce soir?

Les références exprimées par *les* et *des* peuvent également être confondues:

*J'ai rencontré *les* étudiants ce matin.
**Des* étudiants n'aiment pas la grammaire.

Ce qui a été dit précédemment de l'article zéro et du partitif en français laisse entrevoir à quel point l'utilisation de l'article partitif risque d'être problématique pour l'apprenant anglophone. On remarque en effet que dans de nombreux cas, la préposition *de* précède l'article zéro. Cet usage pourra être confondu avec l'emploi des articles partitifs (*de, du, de la*). En ce qui concerne les noms -C et singuliers requérant le partitif pour exprimer une référence actualisée et indéfinie, on peut cependant s'attendre à une utilisation marquée de l'article défini. En effet, les noms -C en français prennent aussi cet article dans le cas d'une référence générique (alors que l'anglais utilise l'article zéro dans les deux cas). Les confusions suivantes sont donc possibles:

*Il faut *le* courage.	One needs Ø courage.
*Aura-t-on *le* poisson ce soir?	Shall we have Ø fish tonight?
par analogie avec:	
Le courage n'est pas vraiment son point fort.	Ø Courage is not really his strong point.
J'aime *le* poisson.	I like Ø fish.

Inversement, l'apprenant pourra utiliser le partitif là où, dans le cas de noms -C à référence générique, l'article défini est utilisé:

*J'aime *du* poisson.	I like Ø fish.
par analogie avec:	
Aura-t-on *du* poisson ce soir?	Shall we have Ø fish tonight?

4. Analyse d'erreurs

Le corpus est constitué de cinquante rédactions faites en situation d'examen (sans grammaire ni dictionnaire) par deux catégories d'étudiants de première année: d'une part des étudiants se spécialisant en français et d'autre part des "non-spécialistes" suivant des cours de français à raison de trois heures par semaine[13]. Les erreurs relevées ont été classées en cinq catégories majeures, auxquelles s'ajoute une catégorie comprenant des erreurs mineures par rapport au système. Les erreurs concernant la morphologie (genre, élision) n'ont pas été prises en compte. Les catégories ont été établies sur base des types de référence à exprimer; les différentes erreurs par rapport à cette référence ont été ensuite examinées, en tenant compte également des types de noms et de leur environnement immédiat lorsque cela nous semblait pertinent.

4.1 Indéfini pluriel

a) Ø au lieu de *des*

[1]   On peut aborder la question sous Ø angles différents
[2]   Il faut chercher Ø autres formes d'énergie pour l'avenir
[3]   Il y a un fleuve qui s'appelle le Seine et qui a Ø petits magasins et cafés sur les rives

Ce cas de reproduction de l'article utilisé dans la langue maternelle est comparativement peu fréquent (4%).

b) *les* au lieu de *des*

[1]   Par contraste, il est évident que les animaux ont *les* sentiments
[2]   Nous vivons dans un monde ... dans lequel la plupart des gens
        revendiquent d'avoir *les* rapports sexuels sans risque
[3]   Aujourd'hui, les femmes qui ont *les* opinions extrémistes sont de plus en
        plus nombreuses

Ces cas sont beaucoup plus nombreux (12%) et reflètent notre hypothèse de confusion entre *les* et *des* pour exprimer la pluralité en français, l'anglais, dans ces cas, utilisant l'article zéro.

c) *des* au lieu de *de*

[1]   Nous vivons dans un monde *des* contradictions dans lequel la plupart des
        gens revendiquent d'avoir ...
[2]   ... le manque de provisions légales pour la femme, par exemple
        l'inégalité des salaires et le manque *des* débouchés pour *des* femmes avec
        des enfants[14].

Ces cas (9%) ont été isolés en raison de la préposition *de,* qui rend l'interprétation difficile. On peut supposer que le *des* produit par l'apprenant est une forme composée de la préposition *de* + *les* au lieu de la forme correcte *de* qui est le résultat de la préposition *de* + *des*. Une autre analyse n'est cependant pas exclue: l'étudiant peut avoir eu l'intention d'utiliser la forme correcte *des* mais la présence de la préposition l'a induit en erreur. Au lieu d'appliquer la règle selon laquelle *de* + *des, du, de la* ⇒ *de*, il a, par analogie avec les cas dans lesquels *de les* ⇒ *des*, conclu que *de* + *des* ⇒ *des*.

4.2 Générique + / – C pluriel

a) *des* au lieu de *les*

[1]   Dans un tel cas, *des* gens réclament que la loi soit changée tout de suite
        et que l'homme soit emprisonné
[2]   Je pense que la question à l'ordre du jour est si *des* animaux ont des
        droits comme *des* gens.
[3]   Dans l'ensemble la société semble désapprouver *des* mères qui travaillent

Ces cas sont très fréquents (19%) et nous semblent renforcer l'hypothèse selon laquelle l'étudiant confond les références exprimées par *les* et *des* pour exprimer la pluralité. Notons cependant la phrase [3], qui est plus difficile à interpréter: en effet, cette erreur peut aussi être lexicale: le verbe *désapprouver*, en anglais, requiert la préposition *of* alors qu'il n'y a aucune préposition en français. Le *des* serait alors une combinaison de *désapprouver de*, suivi, à raison, de *les*.

b) Ø au lieu de *les*

[1] Pour conclure, l'essentiel est que l'on se souvienne que l'on a vu beaucoup de progrès en luttant contre la maladie et en cherchant des remèdes. Les exemples sont nombreux: les greffes d'organes, la chirurgie à coeur ouvert, Ø succès dans le domaine d' Ø antibiotiques, de Ø médecine et de Ø vaccines.

Ce cas unique dans mon corpus peut signaler la réplique de l'article qui serait ici utilisé en anglais. Il peut aussi refléter une confusion entre la référence virtuelle (comme dans *la chirurgie à Ø coeur ouvert*) et la référence générique.

4.3 Générique / Défini –C sg: Ø au lieu de *le/la*

[1] Les gens doivent aider Ø société pour payer leur crime. Ils ont pris quelque chose de Ø société, pourquoi ne pas donner quelque chose à Ø société

[2] Il faut considérer les aspects différents tels que le réchauffement de la planète, la pollution de l'eau et de l'air, les espèces menacées et la crise d'Ø énergie.

[3] Malheureusement, toutes les expériences ne sont pas dans le domaine de Ø santé.

[4] Les écologistes sont inquiets de l'accroissement de la couche d'ozone parce que cela produit des cancers de Ø peau.

Ces erreurs représentent 14% des cas répertoriés. Il faut signaler tout d'abord que je n'ai pas trouvé, dans mon corpus, de cas dans lesquels le nom est +C sg et a une référence générique. Les exemples 1 à 3 illustrent la reproduction de l'article utilisé dans la langue maternelle. Sur un total de 16 cas répertoriés, il ne semble pas ici que la présence de *de* joue un rôle significatif. La phrase [4] demande cependant quelques explications: en effet, on ne peut considérer ici qu'il y ait interférence avec la langue maternelle puisque l'article défini est ici aussi utilisé en anglais! On peut émettre l'hypothèse d'une erreur induite par l'expression de la référence virtuelle en français: *le cancer de la peau* est un type de cancer, comme le *chien de berger* est un type particulier de chien; de plus, *skin cancer* est aussi possible en anglais.

4.4 Référence virtuelle: *le/la* au lieu de Ø

[1]   Je pense que j'aimerais le mode de *la* vie.
[2]   Récemment, les entreprises ont dû changer leur méthode de *l'*expérimentation.

Ces exemples (10%) montrent bien que les similarités entre la langue maternelle et la langue cible doivent être explicitées. En effet, les étudiants n'ont *pas* utilisé la forme correspondante de l'article dans leur langue maternelle (c'est-à-dire Ø également). On remarque qu'ils ont utilisé l'article défini français et que, fait troublant, la préposition *de* est présente dans tous les cas. Puisque les noms sont tous de type –C (concrets ou abstraits), on peut penser que cette erreur reflète une confusion à l'intérieur du système français, entre le partitif et la préposition *de* qui peut être suivie de n'importe quel article, y compris de l'article zéro comme ici. Une autre hypothèse est que les apprenants sont bien conscients que le *de* est une préposition mais il la font suivre de l'article défini, aussi utilisé devant des noms -C pour exprimer une référence générique, comme dans *J'aime le poisson / la littérature.* Le problème est donc une confusion entre deux types de référence: virtuelle et générique.

4.5 Les différentes réalisations du partitif

[1]   [à propos de trois types d'expérimentation sur les animaux] ... celles qui les tuent sans leur causer de douleur; celles qui leur causent de Ø douleur
[2]   Si les femmes gagnent *d'* argent, elles peuvent supporter elles-mêmes
[3]   J'espère y aller pendant l'été et peut-être trouver *le* travail dans un hôtel

Les erreurs relatives à l'emploi du partitif sont difficiles à déceler. Nous avons noté dans les cas qui précèdent que certaines erreurs pouvaient être liées à l'emploi du partitif. Seuls les cas où le français exigeait le partitif ont pu être isolés et nous avons considéré, à partir de là, les erreurs commises. L'analyse contrastive avait prédit la réplique possible de l'article zéro utilisé dans la langue maternelle. Il n'y a que deux cas semblables dans cette catégorie dèrreurs (sur un total de 13%), et on peut même se demander si l'erreur est due à l'influence de la langue maternelle. En effet, selon cette hypothèse, l'étudiant aurait dû produire:

     * celles qui causent Ø douleur
     * si les femmes gagnent Ø argent

Il est dès lors plus plausible de penser que c'est l'impossibilité de distinguer entre les articles partitifs *de, du, de la, des* et la préposition *de*, qui est à la base de l'erreur. Autrement dit, plutôt que l'hypothèse de l'interférence de la langue maternelle, il semble donc que l'erreur résulte de l'amalgame fait avec les cas où le *de* partitif est employé au lieu de *du, de la, des,* par exemple par analogie avec des cas comme *Je n'ai pas de travail* ou *J'ai besoin d' eau* (préposition *de* + article partitif ⇒ *de*).

Pour les autres cas, on remarquera que l'article défini *le / la* est utilisé devant des noms qui, en français et en anglais, sont -C. On peut dès lors penser que les étudiants généralisent ici l'emploi de cet article défini devant des noms -C. La caractéristique "refus du nombrable" est tenue comme seul critère d'utilisation, par analogie avec des cas comme: *J'aime le poisson* (–C et référence générique). De plus, comme nous l'avons souligné, l'amalgame entre la référence générique (requérant l'article défini) et la référence actualisée indéfinie d'un nom –C est aisé (comparons avec *J'ai du poisson dans mon assiette).*

4.6 Erreurs mineures par rapport au système

[1]   On ne peut nier le fait que beaucoup *des* employeurs choisissent ...
[2]   ... il voit la souffrance des autres comme une façon de faire plus *de* l'argent et de gagner beaucoup *de la* publicité.
[3]   On a découvert *des* nouvelles drogues
[4]   En *l'*hiver, je voudrais travailler à Paris

Les cas apparentés aux exemples [1] et [2] sont nombreux (11 % sur les 18% dèrreurs appartenant à cette catégorie) et marquent l'ignorance d'une restriction à l'emploi du partitif. La phrase [3] montre l'ignorance d'une restriction à l'application de la règle selon laquelle *des* devient *de* devant un adjectif précédant le nom. L'exemple [4] marque soit la reproduction indue de l'article qui pourrait être présent en anglais, soit l'ignorance de la règle selon laquelle *en* n'est généralement suivi d'aucun article.

5. Conclusions

L'influence de la langue maternelle n'est pas le seul phénomène observé dans l'analyse d'erreurs et des erreurs intra-linguales apparaissent également. L'analyse d'erreurs reflète également des besoins spécifiques et ce sont ces besoins qui serviront de point de départ à l'enseignant: par exemple, l'importance de la prise en compte du contexte linguistique immédiat (*de*) et du contexte plus général de communication (importance de la question "de quelle référence s'agit-il") est évidente. Cela signifie qu'en enseignant l'usage de l'article français à des anglophones, il faudra certainement inclure des exercices comportant des contraintes pragmatiques, de sorte que les étudiants puissent faire la distinction entre les divers types de référence au réel[15].

Nous le soulignions dès l'entrée, une application pédagogique comparative considérera les différences *et* les ressemblances entre les deux systèmes. Les notions cruciales de référence au réel pourront être introduites et comparées à travers les similarités existant entre les deux langues: l'expression de la référence actualisée définie, l'expression de la référence actualisée mais indéfinie (avec des noms +C sg), et enfin la référence générique (avec l'article défini et indéfini). Rendre les similarités explicites est une façon de s'assurer que les apprenants ne généraliseront pas à outrance ce qui aurait été explicité uniquement de façon contrastive.

Même si l'enseignant choisit d'éviter l'exposition théorique et le métalangage qui l'accompagne, il me semble qu'une analyse comparative offre des possibilités intéressantes, dans le sens où elle constitue la source *possible* de ce que l'enseignant va transmettre aux apprenants, *sous une forme ou sous une autre*. Je ne pense pas, en effet, que les résultats de notre analyse théorique puissent être transmis de façon "brute" à n'importe quel type d'étudiants. Quant à la forme que prendra cette transmission, elle dépendra de la position qu'adopte l'enseignant vis-à-vis de la grammaire. On peut, suite aux besoins constatés dans une analyse d'erreurs, introduire la théorie (ou partie de théorie) de façon explicite. On peut également éviter cette exposition théorique tout en mettant à profit les informations que l'analyse comparative aura révélées: il s'agira alors de choisir ou de créer des exercices ciblés de type communicatif ou situationnel, dans lesquels les différents types de référence au réel (et les articles appropriés) seront comparés. Ces exercices viseront, par exemple, l'emploi contrasté (par rapport à l'anglais et/ou à l'intérieur du système français) de quelques articles et des références exprimées par ces articles. L'analyse d'erreurs nous révèle trois points importants à considérer dans de tels exercices: premièrement, l'usage du *des* indéfini et du *les* générique (ce dernier pouvant être aussi contrasté avec le *les* défini); deuxièmement la référence exprimée par l'article partitif et la spécificité des noms non comptables. Ces cas seront enfin utilement comparés avec l'expression de la référence générique de noms du même type (ex. J'ai *du* poisson dans mon assiette vs J'aime *le* poisson).

Références

Anscombre, J.-L. (1991) "L'article zéro sous préposition", *Langue française*, pp.24-39.

Arrivé, M., Gadet, F. & Galmiche, M. (1986) *La grammaire d'aujourd'hui: guide alphabétique de linguistique française*, Flammarion.

Aub-Buscher, G. & Wilkinson, G. (1993) *De, le et compagnie*, Brochure-grammaire de l'AFLS.

Baylon, C. & Fabre, P. (1978) *Grammaire systématique de la langue française*, Nathan.

Bonnard, H. (1986) *Code du français courant*, Magnard.

Burton-Roberts, N. (1989) "Les Paradigmes génériques en anglais", *Travaux de linguistique*, 19, pp.17-32.

Burton-Roberts, N. (1976) "On the Generic Indefinite Article", *Language*, 52, pp.427-48.

Christophersen, P. (1939) *The Articles: A Study of their Theory and Use in English*, Copenhagen, Einar Munksgaard.

DiPietro, R. (1964) "Learning problems involving Italian [s], [z] and English /s/, /z/", *Proceedings of the Ninth International Congress of Linguistics*, Mouton & Co.

Fisiak, J. (éd.) (1981) *Contrastive Linguistics and the Language Teacher*, Pergamon Press.

Galmiche, M. (1986) *"Note sur les noms de masse et le partitif"*, *Langue française*, 72, pp.40-53.

Gass, S.M. & Selinker, L. (éds) (1992), *Language Transfer in Language Learning*, John Benjamins.

Grevisse, M. (1986), *Le Bon Usage*, (12è édition refondue par André Goosse), Duculot.

Gross, M. (1983), "Une classification des phrases 'figées' du français", in P. Attal & C. Müller (éds), *Actes du Colloque de Rennes 1980*, Klincksieck.

Hamp, E.P. (1968) "What a Contrastive Grammar is not, if it is", in J. Alatis (éd.), *Report of 19th Annual Round Table Meeting on Linguistics and Language Studies: Contrastive Linguistics and its Pedagogical Applications*, Georgetown Monographs, 21, pp.137-47.

James, C. (1971) "The Exculpation of Contrastive Linguistics", in G. Nickel (éd.), *Papers in Contrastive Linguistics*, Cambridge University Press, pp.53-68.

James, C. (1981) *Contrastive Analysis*, Longman.

Krámský, J. (1972) *The Article and the Concept of Definiteness in Language*, Janua Linguarum, Series Minor, 125.

Lado, R. (1957) *Linguistics across cultures*, University of Michigan Press.

Meyer-Myklestad, (1968) *An Advanced English Grammar for Students and Teachers*, Oslo.

Milner, J.-C. (1978) *De la syntaxe à l'interprétation*, Seuil.

Moulton, W. (1962) "Towards a classification of pronunciation errors", *Modern Language Journal*, 46, pp.101-9.

Picabia, L. (1986) "Il y a démonstration et démonstration: réflexion sur la détermination de l'article zéro", *Langue française*, 72, pp.80-101

Quirk, R., Greenbaum, S., Leech, G. & Svartvik, J. (1972) *A Grammar of Contemporary English*, Longman.

Rossi, N. (1990-91) "Analyse contrastive de l'article en français et en anglais", *Cahiers du Centre Interdisciplinaire des Sciences du Langage*, 8, pp.113-39.

Ruwet, N. (1983) "Du bon usage des expressions idiomatiques dans l'argumentation en syntaxe", *Recherches linguistiques*, 11, Presses de l'Université de Vincennes, Paris-8, pp.5-85.

Schachter, J. (1992) "A New Account Of Language Transfer", in S.M. Gass & L. Selinker (éds), *Language Transfer in Language Learning*, John

Benjamins, pp.32-46.

Schachter, J. (1993) "Second language acquisition: perceptions and possibilities", *Second Language Research*, 9,2, pp.173-87.

Selinker, L. (ms), "On the notion 'IL competence' in early SLA research: an aid to understanding some baffling current issues".

Selinker, L. (1991), *Rediscovering Interlanguage*, Longman.

Van Roey, J. (1976) "The Article in English and French", in J. Van Roey (éd.), *Contrastive Analysis*, 12, Leuven, Acco, pp.9-22.

White, L. (1989) *Universal Grammar and Second Language Acquisition*, John Benjamins.

Notes

1. Les articles publiés dans *Language Transfer in Language Learning* (1992) offrent un assez large éventail des diverses significations et des implications de la notion de transfert (voir, en résumé, les pages 233-6).

2. Par exemple Moulton (1962, 101-9), qui confronte les erreurs commises par des apprenants à une analyse contrastive de deux systèmes linguistiques.

3. Selon la définition de Schachter, la "grammaire universelle" se comprend comme "the innate linguistic endowment of human beings". Certains linguistes conçoivent actuellement cette grammaire universelle comme un système structuré "[containing] certain inviolable principles, universal across languages, together with a set or sets of possibilities, called parameters" (1993, 175). Ainsi, pour White (1989) par exemple, ce système est encore accessible lors des processus d'acquisition d'une langue seconde.

4. Dùn point de vue pédagogique, il nous semble préférable de prendre en considération lèxistence dùn article zéro plutôt que - comme le propose Rossi (1990-91, 116-118) - la notion dàbsence dàrticle. Cette approche nous semble plus cohérente vu que précisément, nous ne cessons dînvoquer la question de la référence au réel.

5. Voir aussi G. Guillaume, *Le problème de l'article et sa solution dans la langue française*, Paris, 1919, où une distinction est faite entre le sens *potentiel* et le sens *effectif* d'un nom; le premier concerne la *langue*, le second concerne la *parole*.

6. Sont "comptables" ou "dénombrables" les noms "qui désignent des éléments discontinus (*chaise, fauteuil, maison*) [et qui] ont pour propriété de pouvoir être déterminés par l'adjectif

numéral cardinal et les déterminants de la pluralité (*trois maisons, plusieurs maisons*) et de refuser l'article partitif ... Inversement, les noms qui désignent des substances continues acceptent le partitif (*de la farine, du sable*) et refusent le numéral cardinal et les déterminants de la pluralité (**trois farines, *deux sables*): ils sont dits *non comptables*; ils peuvent redevenir comptables (le plus souvent en présence d'un modificateur) et désignent alors des sous-espèces: *du vin / des vins fins*" (Arrivé, Gadet & Galmiche, 1986, 408).

7. Aux noms définis de façon contextuelle (18, 18a) s'ajoutent les fonctions et institutions uniques d'une communauté particulière (ex. J'ai rencontré le Président / le doyen / la presse) et les noms dont la référence est situationnelle également dans le sens où ils sont connus de façon unique dans la communauté linguistique (ex. le soleil, la terre, les étoiles ...). Du côté de l'anglais, on observe les même phénomènes.

8. Je dois ces exemples à Sylviane Granger (dans le cours de linguistique appliquée qu'elle assurait à l'Université de Louvain en 1988).

9. L'indéfini pluriel *des* se comportant comme le partitif, on le trouve souvent dans la même catégorie (Grevisse, 1986). De même pour Galmiche (1986, 40-53), le déterminant partitif s'apparente étroitement à l'article indéfini; la similarité entre *du* et *des* apparaît dans les exemples suivants:
> Il y a de la truite dans ce ruisseau
> Il y a du sanglier dans ces forêts
> Il y a du cep dans les environs
Ou encore:
> Il y a de la gifle dans l'air
> Il y a du flic dans les parages
L'auteur parle de "procédé linguistique qui consiste à suggérer une pluralité par le simple passage de la catégorie *comptable* à la catégorie *massif*; il s'agit alors d'un pluriel 'vague' que l'on présente comme une 'massification'" (53). De même, Baylon et Fabre (1978, 15): "devant un nom concret, il arrive que le partitif assure le passage vers l'abstrait, en marquant encore une participation à une catégorie prise comme caractéristique d'une notion":
> Il y a en lui du prof myope et du médecin de province

10. Grevisse mentionne ces adverbes de degré *assez, beaucoup, combien, moins, plus, trop* qui sont employés comme des déterminants indéfinis et alors unis au nom par *de* (1986, 914). *Bien* est une exception à cette règle:
> Je vous souhaite bien du plaisir!

11. Il faut insister sur le fait que le nom ici n'a pas de valeur virtuelle et on peut le qualifier par le relatif *que*. En effet, comme le montre Bonnard (1986, 170), un pronom de sens réel ne peut représenter un nom de sens virtuel:
> [3]*Il a été accusé de meurtre que la presse a relaté en détail.
Cependant, on peut dire:
> Il a été accusé d'un meurtre que la presse a relaté en détail.
> Il a été accusé de meurtres (*des meurtres) que la presse a   relatés en détail.
> Le repas fut arrosé de vin que l'on coupa pour les enfants.
> J'ai entouré mon champ de haies que les moutons ne peuvent franchir.

12. On peut noter trois exceptions à l'usage anglais, qui fonctionne dès lors comme le français: les adjectifs nominalisés de groupes politiques, religieux ou de nationalité se terminant en -an, admettent également l'article défini, au singulier et au pluriel:

> The Belgians/the Conservatives seem to be losing their sense of unity
> The typical Italian is a rather easy-going person
> The Methodist(s) is (are) ...
> The Belgian/the liberal ...

Deuxièmement, les adjectifs nominalisés de nationalité se terminant par -sh, -ch, -ese, + Swiss prennent l'article défini et exigent un verbe au pluriel uniquement; de même les adjectifs nominalisés dénotant des personnes:

> The English/the Irish are conservative
> The poor were oppressed by the rich/the blind are ...

Troisièmement, les adjectifs abstraits nominalisés et accompagnés d'un verbe au singulier prennent aussi l'article défini:

> The incredible sometimes happens.

13. Sur la base de ce corpus, il ne semble pas qu'une nette distinction soit apparue entre "spécialistes" et "non-spécialistes".

14. Ce qui est souligné réfère à un autre type d'erreur que celui dont il est question ici. Dans ce cas, il s'agit de l'emploi de *des* au lieu du *les* générique.

15. Par "réel", on veut aussi dire "référence actuelle", en opposition à la référence virtuelle, d'une entité lexicale.

Compréhension et Grammaire de Texte

Nicole Thatcher, Middlesex University

Cet article se propose d'expliquer et de discuter "l'implication" (Lehmann,1985) d'une grammaire de texte dans la compréhension d'énoncés écrits, opération effectuée dans le cadre d'un enseignement destiné à des étudiant/e/s[1] en 2ème année de licence de français. Il s'agissait d'inviter les apprenant/e/s à comprendre un texte à travers sa grammaire. Cette grammaire repose sur les notions de cohérence et de cohésion et se situe dans le prolongement des brochures de Grammaire Communicative publiées par l'AFLS en 1993 et préparées par un groupe de travail dont je faisais partie en tant que coordinatrice. Réflexion théorique et pratique pédagogique me paraissant interdépendantes, j'ai poursuivi l'examen des bases linguistiques de cette grammaire, cherchant à les intérioriser et à les assimiler dans un but pédagogique.

Dans une première partie, je définirai les bases théoriques de cette grammaire de texte qui sera aussi distinguée d'autres approches. J'indiquerai ensuite la didactique envisagée, passant en revue les éléments linguistiques qui participent de la cohérence et de la cohésion d'un texte[2]. Si je parle d'*une* grammaire de texte, c'est qu'elle est le résultat de choix éclectiques et d'adaptation à ma situation pédagogique. L'utilisation de cette grammaire se faisant par l'intermédiaire d'une grille d'application, l'essentiel a été d'établir des critères clairs - même si cette clarté devait se faire aux dépens de la complexité du sujet.

La deuxième partie présentera la pratique pédagogique de cette grammaire. Le but de l'enseignement était de donner aux étudiant/e/s des outils pour lire et comprendre une variété de textes écrits, particulièrement des extraits journalistiques, publicitaires, littéraires et philosophiques. Je justifierai l'application d'une grammaire de texte à la compréhension d'énoncés en démontrant comment la reconnaissance de la présence et du rôle joué par les éléments linguistiques participe à cette compréhension. La relation entre théorie et application, enseignement magistral de la grammaire et apprentissage à partir des textes sera également illustrée. Je soulignerai que cette approche pédagogique s'inscrit dans un mouvement de plus en plus large comme l'indique la publication d'articles et d'ouvrages sur le sujet. Ainsi des enseignements similaires semblent être en cours, depuis quelques années, en situation scolaire FLM (Français Langue Maternelle) (Baudry, 1989); des réflexions et des exemples dans l'optique d'une grammaire de texte sont proposés, visant des activités pédagogiques (Vigner, 1979; Reichler-Béguelin, 1988; Combettes, 1992) et l'autoformation de l'enseignant/e (Moirand, 1990; Péry-Woodley, 1993).

Cohérence, cohésion, connexité

Si un texte est défini comme une unité linguistique supérieure à la phrase, toute suite de phrases ne constitue pas un texte. Le problème est de reconnaître ce qui fait un texte. A la suite de nombreux linguistes, je dirai que des phrases sont identifiées comme texte lorsqu'elles démontrent une continuité, une pertinence et une progression de propos entre elles[3]. Pour désigner ces aspects textuels, on parle en général de cohérence. Il faut ajouter aussi que, dans cet article, le présupposé sous-tendant la considération d'une cohérence textuelle, est que tout texte est utilisé (par un scripteur) pour transmettre un message. Ce message qui est *la configuration d'un concept, ou de plusieurs concepts et de leurs relations, sous-tend le texte et lui donne ce qu'on appelle sa cohérence.* Reconnaître ce message, c'est comprendre le texte, c'est-à-dire retrouver sa cohérence et saisir le but visé. Un premier pas vers la compréhension de la cohérence d'un texte est la connaissance du sens des mots (de la sémantique) et de leur signification, c'est à dire de leur utilisation et de leurs relations dans le cotexte[4]. En effet, les buts ou les intentions d'une communication sont indiqués non seulement par le choix des éléments lexicaux mais aussi par leur agencement, ce que j'appellerai la grammaire de la communication.

Cependant, la saisie de la cohérence ne se fait pas uniquement à travers la langue, manipulée par un scripteur, elle dépend également de facteurs extra-linguistiques comme les connaissances partagées (par le scripteur et le/la destinataire) du monde extérieur, du sujet traité, et des conventions régulant le type de discours utilisé; les attentes, les dispositions et les motivations des destinataires, pour n'en nommer que quelques-uns. Comme le souligne G.Vigner (1978), pour qu'il y ait communication, les locuteurs doivent utiliser le même code et avoir un cadre commun de référence. Si ces bases communes sont absentes, le texte ne sera pas automatiquement jugé incohérent; le/la destinataire s'efforcera de lui imposer son propre cadre de référence, car "le besoin de cohérence est ... une sorte de forme à priori de la réception discursive" (Charolles, 1988, 55). La cohérence devient un principe d'interprétation. On peut donc dire avec J.S. Petöfi (1985) que la cohérence n'est pas une propriété inhérente des textes mais qu'elle est fortement liée à l'interprétant/e qui construit des relations même si elles ne sont pas présentes dans le texte (Beaugrande, 1981; Charolles, 1978, 1988). "Un texte ne 'contient' pas un message, ni ne 'possède' la qualité ... de cohérence" (Péry-Woodley, 1993, 59); la compréhension du texte est le résultat d'une interaction entre le texte et le/la destinataire. Cela ne veut pas dire que l'interprétation d'un texte variera selon les destinataires; ceux-ci sont guidés, plus ou moins explicitement, par le texte lui-même, qui offre des repères à l'interprétation: le scripteur les indique par l'intermédiaire des outils lexicaux et grammaticaux. Ces marques linguistiques soulignent les relations entre les unités composant un discours; leur choix renforce ou affaiblit la cohérence d'un texte, lui apporte plus ou moins de cohésion.

Que faut-il entendre par cohésion? Certains (Halliday et Hasan, 1976) parlent de cohésion grammaticale (par ex. substitutions, conjonctions, adverbes) et de cohésion lexicale (au niveau du vocabulaire). Par exemple, dans le texte 1 (infra), l'adverbe "puis" (ligne 5) indique clairement que les actions décrites doivent être comprises comme se succédant dans un ordre temporel. Dans le texte 2 (infra), les substitutions du mot "héros" (ligne 1) - pronoms compléments "lui", ou sujets "il", ou encore nom propre "Fabrice" - rappellent que le centre d'intérêt de cet énoncé est ce personnage. Le lexique employé "cadavres, hussards, soldat, maréchal des logis" etc. appartient à un même champ sémantique, celui d'une armée en guerre. Les marques linguistiques indiquées dans ces exemples donnent aux énoncés une *cohésion*. Celle-ci peut être définie comme recouvrant "les *marques de relation entre énoncés ou constituants d'énoncés*" (Charolles, 1988, 53).

D'autres linguistes distinguent la cohésion de la *connexité*. Celle-ci, suivant Hatakeyama (1984), marque les *relations entre propositions* dans la même phrase ou de phrase en phrase; elle est exprimée aux niveaux syntaxique et sémantique, par exemple à l'aide de conjonctions de subordination, de coordination ou d'adverbes. Dans l'exemple du texte 1 donné ci-dessus la connexité est marquée grâce à la présence de l'adverbe "puis". La notion de *cohésion* s'applique aux *processus de continuité thématique:* "La cohésion [est] anaphorique, thématique, et ... joue sur des relations d'identité d'inclusion ou d'association entre constituants d'énoncés" (Charolles, 1988, 53). Dans les exemples du texte 2 donnés ci-dessus les substitutions et le lexique contribuent à la cohésion de l'énoncé.

Quels sont les rapports de la connexité, de la cohésion et de la cohérence et quelle est leur importance dans la compréhension d'un texte? La suppression du connecteur "puis" dans le premier exemple ci-dessus ne diminuerait pas la cohésion de l'énoncé mais demanderait une plus grande participation de la part de l'interprétant/e qui devrait suppléer le lien manquant. La connexité soutient donc la cohésion mais elle n'en est pas une condition suffisante comme l'illustre l'énoncé suivant tiré d'un texte écrit d'élève (Charolles, 1978, 15) où la présence de connecteurs n'empêche pas un certain manque de cohésion dû à l'ambiguïté de l'antécédent de "en" (serait-ce "numéros" ou est-il absent?):

Ensuite les clowns rentrit [sic] dans la cabine et les
trois numéros réapparaissaient et les spectateurs
disaient: 'Bravo bravo.'
Ensuite le présentateur revint et dit 'les petits enfants
vous pouvez en prendre il y en a de toutes les couleurs'.

Thème/rhème

La cohésion obéit à des conditions spéciales pertinentes aux phénomènes de continuité thématique comme les règles de structures grammatico-temporelles, la continuité du registre ou les relations sémantiques de signification et de progression (thème-rhème). La notion de thème recouvre ce qui est donné ou déjà connu dans toute phrase d'un texte; le rhème est ce qui est dit sur cet élément donné ou connu et qui est présenté comme nouveau. Dans le texte suivant (Charolles, 1978, 36), le thème *"je"* de la première phrase est repris comme thème dans la deuxième; on parle de progression à thème constant. Le rhème de la première phrase, circonstant de lieu *"chez mon grand-père"* devient le thème (*"grand-père"* seul est repris comme sujet) de la troisième phrase, on parle de progression linéaire. Le lien est omis entre les phrases 4 et 5, on parle de progression à saut thématique. Le rhème *"tank"* de la phrase 4 est repris comme thème dans la phrase 6.

Lundi 2 mai.

J'ai été chez mon grand-père. Je l'ai aidé. Mon grand-père a planté des salades, des patates, des carottes, des radis, des haricots verts des champignons du blé du riz. Après j'ai fait du manège je suis monté sur un tank. Il fallait appuyer sur le bouton gauche ça sortait un bon homme avec une mitraillette.
Est-ce que le tank marchait?

La cohésion maintenue grâce à la progression thématique ne peut empêcher l'incohérence textuelle introduite par la dernière phrase. La cohésion est donc une condition nécessaire mais non suffisante de cohérence. Celle-ci nécessite souvent l'intervention de l'interprétant/e. En effet, comme le signale Charolles, le maître - l'interprétant ici - qui a corrigé le devoir ci-dessus "sait que ce texte est une lettre adressée à un élève d'une autre école ...; il comprend ... que la question finale n'est pas posée pour elle-même ... mais pour un correspondant dont l'auteur souhaite savoir s'il a eu, de son côté, une expérience aussi heureuse des tanks de manège" (Charolles, 1978, 37). Le maître peut donc compléter "la question finale: -'Est-ce que le tank marchait *chez toi?*' et ... restituer ainsi au texte une cohérence au moins approximative" (ibid.). L'absence de marques de cohésion n'aboutit donc pas nécessairement à un manque de cohérence; s'il y a des problèmes contextuels, ils nécessitent l'intervention de l'interprétant/e.

De cette rapide présentation des notions de cohérence et de cohésion/connexité, on retiendra l'importance de l'interprétant/e dans la compréhension d'un énoncé. Une grammaire de texte offrira donc, non des règles de bonne formation textuelle, mais des procédures d'interprétation qui représentent "le processus de traitement et de retraitement mis en oeuvre par les sujets lorsqu'ils interprètent des données textuelles." (Charolles, 1988, 56).

Autres courants d'analyse textuelle

Les nombreux modèles procéduraux proposés (Beaugrande, 1981; Hatakeyama, 1985; Lundquist, 1985; Randquist, 1985) soulignent la différence entre une grammaire de texte et d'autres courants d'analyse textuelle privilégiant une approche linguistique. Le courant d'analyse du discours (dans la tradition française) manifeste plutôt une vocation descriptive et documentaire; la pratique linguistique "intervient comme présupposé [et] ... l'objet à propos duquel elle produit 'son résultat' n'est pas un objet linguistique mais un objet socio-historique" (Pêcheux et Fuchs, 1975, 31). La question de la cohérence textuelle n'est pas explicitement abordée, ou bien elle est "conçue en termes de cohérence idéologique" (Lecomte & Marandin, 1986, 61). S'il y a recherche de règles discursives, celles-ci sont découvertes par induction, soit à travers un choix de textes ou corpus, soit grâce "à un montage de textes construit au fur et à mesure de la description" (ibid. 74). Une grammaire de texte, au contraire, propose une méthode déductive à partir de modèles procéduraux.

Le courant d'analyse sémiotique textuelle utilise également une approche linguistique mais à dominante structuraliste, privilégiant les textes littéraires; ce courant est tributaire des analyses des formalistes russes et s'intéresse principalement à la narratologie et à la poétique, avec un retour à la rhétorique, considérée comme "la linguistique du discours" (Barthes, 1966, 3). Si l'on exclut la notion d'isotopie introduite par A.J. Greimas (1966), les visées des analyses sémiotiques ne sont pas grammaticales mais descriptives et tendent à proposer des modèles du récit (Todorov, 1966; Genette, 1966). Par contre, en s'intéressant à la lecture d'un texte, à ce qui rend un texte lisible, A.J. Greimas a soulevé des problèmes de cohérence textuelle. La notion d'isotopie - ensemble redondant de catégories sémantiques - a d'abord été restreinte au domaine sémantique, puis étendue au domaine non-sémantique. Cependant, comme le souligne A. Berrendonner, le caractère isotope d'un énoncé ne peut être déduit uniquement à partir des données textuelles mais est lié "à l'ensemble des 'objets sémiotiques' tels que la connaissance, culture, idéologies, souvenirs, perceptions, qui peuvent être impliqués dans un acte de parole" (dans Charolles, 1985, 51).

Stratégies didactiques

Il résulte de tout ce qui a été dit jusqu'ici que comprendre un texte est une opération complexe, où interviennent des éléments socio-psychologiques aussi bien que linguistiques. Pour essayer de relier ces propos théoriques à une pratique pédagogique, je me suis placée dans une perspective d'enseignement/apprentissage en FLE (Français Langue Etrangère) en tâchant de répondre à la question: quels repères pourraient servir à la compréhension d'un texte, c'est à dire l'interprétation de sa cohérence et à la saisie de sa cohésion? C'est cette démarche, fortement marquée par mon expérience d'enseignante,que je décrirai ci-dessous, définissant les éléments et les catégories linguistiques reconnus comme participant de la cohérence et de la cohésion/connexité et indiquant comment je les ai utilisés.

Tout d'abord, je ne traiterai pas des facteurs extra-linguistiques liés aux domaines psycho-sociologiques, par ex. motivation, environnement. Ils doivent certainement être pris en compte par l'enseignant/e qui, dans un cadre institutionnel, connaissant la situation particulière du public visé, est à même - peut-être - de les modifier et d'adapter en conséquence sa pratique pédagogique. Pour mon propos ils ne sont pas directement pertinents, alors que d'autres facteurs extra-linguistiques, tels que la connaissance des circonstances de production et du type de texte présenté, le sont davantage. Dans une pratique pédagogique, les problèmes que pourraient soulever ces facteurs devront être résolus par l'enseignant/e avant d'aborder la lecture du texte même. Une enquête rapide, en début de cours, permettra de mettre à jour les différents univers de croyance et de connaissances textuelles des apprenant/e/s et de suppléer les informations nécessaires adaptées au but visé. Savoir qu'un texte est un article de journal ou un extrait de roman, ou encore qu'il a été écrit récemment ou au siècle dernier, renverra les apprenant/e/s aux normes qui gouvernent ce type de texte et exercera une influence sur leur interprétation des données textuelles. Quelquefois, le texte même fournit des éléments linguistiques sur la situation de production du texte, par exemple une lettre de Madame de Sévigné datée "Chantilly, vendredi soir 24 avril 1671". De plus, il est important de replacer le texte dans son macro-contexte :

> The first thing to do when confronted with a new text, is to assess whether it is the entire text, or whether it is a part of a text ... The 'position' of a segment of a larger body of text relative to the rest of the text is an important factor to be considered when assessing connectedness[5] ... What may appear as incoherent in the segment, can very well be something which receives its explanation somewhere else in the text. (Randquist, 1985, 209)

Il s'agit ensuite, avant de lire le texte, d'attirer l'attention des apprenant/e/s sur la page - ou toute aire scripturale - qui est le support du texte: mise en page, signes iconiques, illustrations, tout ce qu'on peut appeler le paratexte et qui fournit une aide à la compréhension (voir le texte 1 ci-dessous). Ces différentes étapes de préparation à la lecture sensibilisent les apprenant/e/s et éveillent ou confirment des présupposés.

Si nous acceptons que la lecture d'un texte se fait, en général, linéairement[6], le titre fournit le premier contact avec une idée-clé de ce texte. Dans l'hypothèse d'un texte sans titre (par exemple un extrait d'un livre), les premières phrases de l'énoncé joueraient le rôle du titre. Le titre, ou son remplacement, est présenté comme une donnée ou une information connue - le thème - que le reste du texte explicitera ou illustrera. Un titre ambigu est en soi une indication: il peut signifier que cette communication ne sera comprise que lorsqu'elle aura été lue jusqu'au bout. Quelle que soit la clarté de l'idée exprimée, la suite du discours reprend d'une certaine façon ce que le titre semble indiquer. Cette reprise est faite par l'intermédiaire de coréférents lexicaux. Si cette reprise du thème était répétée indéfiniment, on aboutirait à un discours tautologique et à un texte stagnant. En général, le thème débouche sur une nouvelle idée, le rhème, qui peut devenir à son tour le thème de la phrase suivante. Cette thématisation du discours permet la progression de l'énoncé. A travers cette progression, le scripteur indique les relations qu'il envisage entre les thèmes: ces relations participent à la fois de la cohérence et de la cohésion textuelles.

Plusieurs problèmes confrontent des apprenant/e/s dans leur interprétation de la cohérence. Le premier réside dans le fait qu'un thème peut être implicite et sous-tendre la communication sans être concrétisé linguistiquement dans un mot ou un groupe de mots. Ainsi dans *La Dentellière,* la relation entre la mère et la fille, bien que non exprimée dans le cotexte verbal, constitue le thème d'un paragraphe dont je ne cite que le début:

> Pour la première fois elles auraient voulu se parler, la mère et la fille, avoir une vraie conversation. Toutes les deux, elles étouffaient de larmes qu'elles auraient aimé doucement confondre, mais les larmes ne venaient pas davantage que les paroles. (P. Lainé, p.114)

C'est pour souligner cette abstraction possible, ce caractère sous-jacent d'un thème, que j'ai préféré employer, en situation d'enseignement, l'expression idée-clé plutôt que thème, hyperthème ou macrostructure, et je l'ai également appliquée à la concrétisation linguistique d'une idée-clé. De plus, comme le souligne M.P. Péry-Woodley (1993), le mot thème prête à confusion car il recouvre à la fois "ce sur quoi porte l'énoncé et ce qui est déjà connu ou donné" (p.66) et les termes employés habituellement pour démêler cette confusion pourraient l'augmenter pour des apprenant/e/s (ibid. p.68):

thème = ce dont on parle
topic = connu
rhème = ce que l'on dit du thème
        (appelé aussi *propos* ou *commentaire*)
focus = nouveau

Repérage des idées-clés

A la complexité de cette terminologie sur le plan pédagogique s'ajouterait aussi la difficulté pour les apprenant/e/s de définir les unités thématiques et de les hiérarchiser. Ceci est leur second problème: comment distinguer les informations de premier plan - les idées-clés - de celles de second plan, c'est à dire les opérations de prédication qui accompagnent les idées-clés, leur apportant des informations supplémentaires, mais non essentielles, par exemple d'ordre spatial ou temporel. Cette distinction se rapproche de celle de R. Barthes (1966) qui comprend les fonctions cardinales ou *noyaux*, moments de risque du récit, éléments porteurs de rapports nouveaux, et les *catalyses*, dont l'information est redondante par rapport aux noyaux. Une solution à ce problème des plans est de repérer l'organisation des idées-clés à l'aide des marques linguistiques apparaissant dans le discours; B. Combettes (1992) se tourne ainsi vers le codage linguistique des textes narratifs pour déterminer leur organisation textuelle. La tentation qui pourrait accompagner ce genre d'approche est de suivre les unités thématiques de phrase en phrase, renforçant ainsi la tendance des apprenant/e/s à considérer un texte comme linéaire. Cette approche pourrait devenir un obstacle à la compréhension de la cohérence d'un texte qui serait structuré différemment. Pour résoudre ces problèmes de la reconnaissance des idées-clés et de leurs relations, j'ai recouru à la coréférence pour l'établissement des idées-clés, et à divers systèmes organisateurs du discours pour l'identification de leur enchâssement.

La stratégie proposée est, dans un premier temps, de repérer les mots qui font l'objet de coréférences. Ce terme général, coréférence, permet d'englober les répétitions, les synonymes, les superordonnés, les hyperonymes, les paraphrases, les images, les métaphores, les anaphores, les cataphores; les coréférents par paires opposées (par exemple antonymes) sont également inclus. J'utilise la terminologie champ sémantique pour désigner les anaphores dites associatives, par exemple par séries ordonnées ou non ordonnées (par exemple après avoir mentionné "une maison" un texte décrira le toit, les murs, etc.). A la suite d'un tel exemple dans un texte, le rôle des articles définis dans la relation anaphorique donne souvent lieu à une discussion sur l'utilisation de ces articles. De même, les anaphores conceptuelles - telles "la dame de fer" - nécessitent quelquefois des éclaircissements. Nous avons là une illustration de la relation entre apprentissage à partir des textes et enseignement de la grammaire traditionnelle: il ne s'agit pas de donner un cours magistral sur ces sujets mais de consolider des notions de grammaire de phrase et de souligner le rôle de ces éléments linguistiques dans le discours, et par là dans la compréhension du texte. Les coréférents recherchés peuvent être constitués par un seul mot ou par des pro-formes, c'est-à-dire par plusieurs mots ou par des phrases entières. Ce ne sont pas seulement des lexèmes nominaux ou verbaux, mais aussi des articles, des adjectifs et des pronoms possessifs ou démonstratifs. Cette insistance exprimée par le scripteur à travers la coréférenciation signale l'importance, pour la compréhension du message, de ce qui est coréféré. Les coréférences servent donc à focaliser l'attention de la lectrice sur l'objet ou les objets du message.

Une stratégie similaire a été poursuivie par J. Baudry dans une classe de seconde (FLM), son but étant de "situer d'emblée la lecture dans une perspective transphrastique, ... où la prise en compte de la configuration globale de l'énoncé-source s'impose pour l'élaboration d'un prolongement finalisé" (1989, p.66). Elle illustre cette approche par des exemples. Ainsi, dans un texte journalistique sur J.B. Bokassa, la liste des coréférents nominaux du titre a permis de retrouver le trait caractéristique du personnage, et de souligner non seulement l'importance du titre mais aussi celle du syntagme nominal de clôture. Dans la fable de La Fontaine, 'Les Deux Amis' (VIII, 11), la coréférence des syntagmes nominaux à l'aide de pronoms indéfinis a mis les apprenant/e/s sur la voie de l'idée-clé: l'indistinction des deux personnages en regard de la véritable amitié. La coréférenciation a donc permis, dans ces deux exemples, d'identifier l'idée-clé sous-tendant chacun de ces textes. Cependant, si des textes comportent plus d'une idée-clé, il sera important pour comprendre l'énoncé de reconnaître comment ces idées s'enchâssent.

Organisation des idées-clés

Après avoir repéré les objets du discours grâce à la coréférenciation, il s'agit donc, dans un deuxième temps, de rechercher dans l'organisation du discours des indications sur l'agencement des idées-clés. Cet agencement peut être explicité à l'aide d'outils syntaxiques. Je rangerai sous ce vocable des éléments extra-linguistiques comme l'agencement du texte (par exemple paragraphes), la typographie (par exemple italiques, caractères gras) et la ponctuation (par exemple des points de suspension peuvent suggérer tacitement la prolongation ou, au contraire, l'ambiguïté d'une idée-clé). Parfois la mise en texte peut brouiller l'identification des idées-clés; ainsi, un paragraphe ne correspond pas toujours à une idée-clé et l'ordre séquentiel des paragraphes ne reflète pas nécessairement l'organisation des idées-clés. D'autres outils syntaxiques, tels que les mots connecteurs et les temps verbaux signalent aussi explicitement cette organisation.

Les connecteurs recouvrent les morphèmes de coordination et de subordination, indicateurs des rapports intraphrastiques et interphrastiques, et donc de l'organisation des idées. Mais ce n'est pas tant par leur statut grammatical que par leur sens - je veux dire par là leur contenu sémantique - que ces outils jouent un rôle important dans la compréhension de l'organisation des idées-clés, et par suite dans la signification de l'énoncé. Les grammaires de phrase, des grammaires textuelles (Weinrich, 1989) ou du sens (Charaudeau, 1992) offrent des études détaillées et approfondies du rôle et du sens de ces morphèmes. Ainsi, le statut grammatical de *et*, défini comme conjonction de coordination, n'explicite pas toutes les possibilités sémantiques de cette conjonction; la relation qu'elle introduit entre deux syntagmes peut être une relation d'addition mais aussi une relation d'opposition "Je plie et ne romps point" (La Fontaine, 'Le Chêne et le Roseau' I, 22). Il s'agit à la fois de connaître le ou les sens de ces connecteurs linguistiques et d'être attentif au cotexte dans lequel ils sont employés. Si les connecteurs sont absents ou rares dans le discours, une plus grande participation du sujet récepteur sera nécessaire dans l'interprétation des relations entre les idées.

Un autre facteur linguistique, les temps des verbes, intervient dans cette interprétation. Là aussi, ce sont les valeurs aspectuelles plutôt que temporelles/sémantiques des temps qui sont utiles; le jeu des oppositions entre différents temps confère à ceux-ci une fonction textuelle. Si les emplois du présent et d'un temps passé (ou futur) peuvent souligner l'ordre chronologique du discours, ils peuvent aussi, par des jeux d'alternance, créer des effets de parallélisme. Ou encore, dans l'opposition imparfait/passé simple ou passé composé, la valeur d'intemporalité de l'imparfait peut servir à présenter un cadre ou une action non délimitée, alors que le passé simple (ou passé composé) indiquera des procès bien définis et délimités qui font progresser l'énoncé. Ces temps organisent ainsi le discours en arrière-plan et premier plan; ils aident l'interprétant/e à distinguer l'essentiel du message des détails secondaires. Les modes des verbes peuvent également être utilisés pour souligner l'organisation des idées, par exemple par des effets de contraste entre l'aspect d'irréalité introduit par le subjonctif et la certitude d'un indicatif.

Mise en texte et énonciation du message

"Comprendre un texte, c'est être capable de dire 'de quoi il parle', ... mais aussi de dire 'dans quel but' son énonciateur l'a produit" (Bouchard, 1989, 165). Le/la destinataire comprendra le but de la communication, si le scripteur réussit à produire l'effet désiré à travers l'énonciation. Pour cela, il peut décider de se fier uniquement à la mise en texte des objets du discours; mais le choix même de ces objets et les relations qu'il leur attribue, révèlent l'intervention d'un scripteur. Il peut aussi être présent, à des degrés variables, et donner signe de ce qu'il entend communiquer à travers la caractérisation, l'évaluation (par exemple termes axiologiques, évaluatifs affectifs) et la modalisation (par exemple *Il faut, on pourrait*), ou se mettre explicitement dans son texte, en s'adressant directement aux destinataires, ou en les impliquant à l'aide du *je*. Cette communication phatique impose aux destinataires le point de vue du scripteur, c'est-à-dire une vision limitée mais en même temps cohérente, selon ce même scripteur.

Enfin, pour transmettre son message, le scripteur peut utiliser la généralisation qui "joue, dans la mise en texte, un rôle communicatif spécifique (cherchant à agir, inconsciemment peut-être, sur les croyances de l'autre) en transformant une expérience individuelle en vérité générale" (Moirand, 1990, 76). Généraliser permet également de souligner un message; l'opération contraire, la particularisation, produit un effet similaire en illustrant et/ou concrétisant l'idée-clé proposée. Ainsi, dans un article de journal, un résumé des idées-clés et de la conclusion visée est souvent placé sous le titre en caractères gras; le reste du texte y apporte détails et illustrations; dans d'autres types de textes, une récapitulation des idées-clés peut conclure le texte. Ces rapports entre le général et le particulier contribuent à renforcer le message.

Jusqu'ici j'ai attribué aux outils lexicaux le rôle de coréférents et aux outils syntaxiques celui d'introducteurs de rapports dans le discours; en réalité la coréférence n'est pas limitée au lexique mais peut être réalisée par l'intermédiaire de la syntaxe; par exemple, la répétition de phrases de construction et de longueur semblables peut être considérée comme coréférenciation syntaxique; D. Lehmann parle de paradigmes syntagmatiques qui se manifestent "par des régularités de phrase à phrase, ... conditionnées par la présence ou non dans chaque phrase d'un terme inscrit dans chacune des différentes séries paradigmatiques" (1985, 110-11). De même, les reprises lexicales ne contribuent pas seulement à la cohésion du texte mais aussi à sa progression. Si nous prenons par exemple, un texte scientifique descriptif, le titre pourra être un nom générique, un hypéronyme, et les reprises lexicales des hyponymes, chacun développant dans une échelle ascendante de précision le concept exprimé par l'hypéronyme. Enfin, nous avons vu que les valeurs des temps verbaux participent de la cohérence textuelle en établissant premier et arrière plans. D'un autre côté, l'établissement de ces plans, au niveau du texte entier, n'est perçu que grâce à la persistance de l'emploi du même temps de verbe; donc, les temps verbaux participent aussi de la cohésion textuelle, et toute dérogation à l'utilisation constante et attendue d'un temps ne rend pas le texte incohérent mais diminue sa cohésion.

Applications pédagogiques

Il ressort de ce qui a été dit jusqu'ici que le rôle des différents outils et procédés linguistiques dans la cohérence et la cohésion textuelles n'est pas toujours tranché; démêler ou hiérarchiser ces outils et ces procédés est une démarche arbitraire. Cependant, c'est ce qu'il m'a semblé nécessaire de faire dans le but pédagogique que je m'étais fixé. J'ai donc adopté la grille déjà proposée dans les brochures de Grammaire Communicative, mais en la modifiant à la lumière des réflexions théoriques développées depuis lors.

GRILLE

I. DEFINITION DE L'ENONCE
Circonstances de production, genre, registre.

II. COHERENCE	EXPLICITEE PAR	COHESION
1. Titre et idées-clés	a) coréférences lexicales et syntaxiques b) Généralisation et particularisation	
2. Enchâssement des idées-clés	a) Mise en texte b) coréférences c) connecteurs intra- et interphrastiques d) modes et temps verbaux	
3. Communication phatique	Enonciation et modalisation	

III. Evaluation du texte par rapport à sa cohérence et à sa cohésion textuelles.

Cette grille m'a servi de modèle procédural dans une situation d'enseignement où il s'agissait de donner à des étudiant/e/s en 2ème année de licence de français, des compétences de lecture. Il faut tout de suite préciser que la grille en question n'a pas été offerte aux apprenant/e/s de ce niveau; je l'ai considérée comme un outil procédural qui m'a servi à préparer des questions précises sur les textes, pour guider la compréhension des apprenant/e/s. Cette démarche est similaire à l'analyse prépédagogique préconisée par S. Moirand et D. Lehman: "Le traitement préalable du texte ... permet ... d'imaginer des stratégies d'enseignement" (dans Lehmann, 1985, 102). Il s'agissait de me mettre à la place d'un/e apprenant/e de FLE mais d'essayer en même temps de lui instiller de nouvelles habitudes, par exemple encourager la saisie globale du texte par l'attention portée au paratexte, aux connecteurs, plutôt qu'à la solution des difficultés lexicales ponctuelles; faire vérifier les hypothèses de compréhension, par exemple grâce à la coréférence ou aux temps verbaux.

Bien que ni les bases théoriques de cette grammaire de texte, ni la grille n'aient été explicitement et formellement présentées aux apprenant/e/s, le fait de reprendre systématiquement, sous forme de questions, les mêmes critères dans l'approche d'un texte, les a sécurisé/e/s en leur offrant des procédés, si ce n'est une méthode, pour comprendre un texte. Le métalangage employé a été introduit et expliqué au fur et à mesure de l'utilisation des items de la grille. Les explications concernant *la définition de l'énoncé* (voir la grille) m'ont incombé, en général, parce que les connaissances et les savoirs partagés des apprenant/e/s étaient trop hétérogènes en la matière. Les apprenant/e/s répondaient aux questions posées sur le texte soit par écrit, individuellement, - soumettant ensuite leurs réponses pour qu'elles soient corrigées - soit par oral, par petits groupes en classe; dans les deux cas toutes les réponses données étaient ensuite discutées en classe. Les textes utilisés ont inclus des extraits journalistiques, philosophiques et des poèmes. A cause de la nécessité de limiter la longueur de cet article, j'utiliserai deux textes seulement pour illustrer cette pratique pédagogique, l'un est un texte publicitaire, l'autre un extrait littéraire.

Texte 1

Le Français dans le Monde, No. 256, Avril 1993

Questions
1. Notez les coréférents de *je* et de *tu*.
2. Quelle est la nature grammaticale et le sens des connecteurs suivants: *lorsque* (1.1), *quand* (1.3), *puis* (1.5), *et* (1.6 et 1.8)?
3. Quelle est l'organisation de cet énoncé et comment est-elle déterminée par ces connecteurs?
4. Quelles sont les valeurs de l'imparfait (dans les quatre premières lignes et dans la dernière), du passé simple (1.5) et du passé composé (1.7 et 8)?
5. Quelles sont les idées-clés de ce texte? Faites la liste des mots qui se rattachent à chacune de ces idées.

Après la lecture du texte, mais avant de répondre aux questions, la nature du texte et le paratexte ont été discutés. Un texte publicitaire éveille chez tout le monde des connaissances et des présuppositions, et c'est ainsi que le signe iconique, le stylo, et son ombre à la fin du texte, suivis d'un énoncé aux caractères de plus petite dimension que le texte à étudier, et de la marque Waterman, ont été compris comme répondant à un but publicitaire. Mais l'absence de titre et son remplacement par une photo-devinette semblaient plus problématiques. Ce n'est qu'après avoir défini les idées-clés, que les étudiant/e/s ont estimé que cette photo prenait un sens, qui était d'illustrer visuellement ces idées tout en conservant une certaine ambiguïté par rapport aux objets du discours *je* et *tu*.

Comme l'indiquent les deux premières questions, les mots à coréférer et la liste des connecteurs ont été donnés, ce texte ayant été un des premiers à être analysé en début de semestre. La pratique aidant, il est possible, plus tard, de demander aux apprenant/e/s de décider quels sont les réseaux coréférentiels significatifs et également de dresser la liste des connecteurs. On pourra limiter ceux-ci aux connecteurs interphrastiques ou introducteurs de paragraphes, ou au contraire, inclure les connecteurs intraphrastiques; le but visé est de sensibiliser les apprenant/e/s au rôle joué par ces mots dans l'organisation des idées et à leurs sens. Pour les aider, des dictionnaires (monolingue et bilingue) et une grammaire de phrase sont à leur disposition; je leur fournis également des notes explicatives. Les apprenant/e/s ont ainsi découvert dans le texte ci-dessus le caractère de contemporanéité des actions à travers le sens de *lorsque* et de *quand* (l'hypothèse d'une nuance d'opposition pour *quand* a pu être vérifiée et démentie par la suite, à cause de l'idée-clé de similitude exprimée par *semblables*), le sens d'une chronologie introduit par *puis*, et celui d'addition par *et*.

Une partie de la deuxième question se rapporte à la grammaire de phrase et ceci pour une raison pragmatique: le but officiel de mon enseignement était aussi de développer les compétences linguistiques des apprenant/e/s, c'est à dire de les aider à distinguer les différentes catégories grammaticales. Cela a donné lieu à des explications ponctuelles, par exemple distinction entre pronoms relatifs et conjonctions de subordination, et entre adverbes et prépositions. Le rôle de ces éléments linguistiques sous l'angle d'une grammaire de texte a été considéré et la terminologie - connecteur, énonciation - a été éclaircie.

L'organisation de l'énoncé (question 3) suggérée par les sens de ces connecteurs est celle d'un parallèle entre deux objets du discours, le *je* et le *tu*, suivant un parcours chronologique. Il est certain que la place des connecteurs dans le discours et sur la page a joué un rôle dans cette réponse; plus tard, lorsque l'assimilation de la notion et de l'application de coréférence est confirmée, il est possible de souligner, ce que j'appelle la coréférence syntaxique des séquences *lorsque ... bleues* et *quand ... Amazone*.

La quatrième question élicite le plus souvent des réponses-clichés: l'imparfait est le temps de la description (d'une action passée), ou encore, le passé simple est utilisé dans les textes littéraires pour décrire des actions ou des états passés. L'aspect et la valeur des temps, ainsi que les effets qu'un scripteur peut tirer de leur mise en relation, nécessitent des explications illustrées par des textes offrant des utilisations aussi variées que possible des temps verbaux, pour permettre aux apprenant/e/s de développer leur compétence dans ce domaine. Un grand nombre d'étudiant/e/s ont reconnu dans ce texte le contraste entre la continuité dans le temps et le moment ponctuel, produit par l'association de l'imparfait avec le passé simple et le passé composé. Il a été plus difficile de leur faire formuler l'effet de distance établi par le passé simple par comparaison avec le passé plus rapproché du passé composé, qui implique peut-être des répercussions dans le présent.

Après avoir identifié l'organisation de l'énoncé grâce aux connecteurs et aux temps verbaux, il semblerait facile de saisir les idées-clés. En réalité, les réponses des apprenant/e/s ont indiqué leur difficulté à éviter la paraphrase et à énoncer des idées qui ne sont pas nécessairement représentées linguistiquement dans un texte. La deuxième partie de la question avait été formulée justement pour éviter ce genre de problème et dans l'espoir d'obtenir deux listes parallèles comprenant tout ce qui se rapporterait à *je* pour l'une (par exemple *Fac de Droit, plaidoirie, ma*), et à *tu* pour l'autre (par exemple *baleines bleues, Fleuve Amazone, ton*). Ce parallèle aurait souligné la différence entre les deux sujets - une idée-clé de ce texte - contestée par la similarité (deuxième idée-clé) proclamée dans les trois dernières lignes et suggérée par la photo. Cette similarité aurait justifié le placement de *notre* et de *nous* dans les deux listes mentionnées ci-dessus.

Identifier les coréférences et les relations sémantico-logiques introduites par les connecteurs n'aboutit pas toujours à la compréhension d'un texte. Il est nécessaire de reconnaître comment ces coréférences sont prédiquées. Mais, des questions portant sur la prédication éliciteraient en général une paraphrase du texte qui n'apporterait pas d'éclaircissement sur les stratégies discursives du scripteur et donc sur le but qu'il poursuit. Ainsi, pour le texte 1 ci-dessus, une question comme "quelle relation caractérise les carrières des deux actants?" donnerait, quels que soient les efforts de l'apprenant/e, "leurs carrières sont divergentes, l'un fait du droit et l'autre fait partie d'expéditions scientifiques ou écologiques". Ce genre de réponse me semble refléter une compréhension passive. Certes, cette compréhension doit intervenir avant de pouvoir décider quelles sont les idées-clés exprimées linguistiquement ou qui sous-tendent le texte; mais rechercher ces idées, c'est à dire interpréter le texte à la lumière du discours, requiert une participation plus active de la part de l'apprenant/e. C'est pour cette raison que, dans ma pratique pédagogique, j'ai rarement posé des questions concernant la prédication: elles sont subsumées dans les questions portant sur les idées-clés.

Après cette analyse linguistique, l'importance et le rôle du texte dans cette publicité ont été évalués. Les apprenant/e/s ont estimé que la mise en texte de l'énoncé - par exemple le parallélisme des phrases introduisant un élément poétique - et les opérations énonciatives - par exemple l'emploi de *je* et *tu* qui expriment à la fois dans ce cotexte anonymité et intimité, l'introduction tardive et voilée du but du message *ce Waterman* - contribuaient à éveiller l'intérêt d'un lecteur ou d'une lectrice, et par là à renforcer le message publicitaire.

Des textes variés - descriptifs, narratifs, argumentatifs - ont été proposés durant le semestre, développant ainsi la compétence textuelle des apprenant/e/s. La reconnaissance des types de textes n'a pas été précédée ou suivie d'une explication des faits de langue qui caractérisent différents types de discours. Cette décision a été, en partie, déterminée par le public et le but visés: il m'a semblé plus important d'encourager les apprenant/e/s à découvrir des régularités ou des stratégies dans les textes étudiés, plutôt que de leur imposer des modèles. Les questions posées les guident dans cette direction comme cela est illustré à propos du texte suivant.

Texte 2

Stendhal, *La chartreuse de Parme* (1838), pp.62-3.

Fabrice del Dongo, un noble milanais, jeune et insouciant, est fasciné par la gloire napoléonienne. Il rejoint, pendant les Cent-Jours, l'armée de l'Empereur à Waterloo. Là, pour la première fois, il se retrouve au milieu d'une bataille.

Nous avouerons que notre héros était fort peu héros en ce moment. Toutefois, la peur ne venait chez lui qu'en seconde ligne; il était surtout

scandalisé de ce bruit qui lui faisait mal aux oreilles. L'escorte prit le galop; on traversait une grande pièce de terre labourée, située au-delà du
5   canal, et ce champ était jonché de cadavres. Les habits rouges! Les habits rouges! criaient avec joie les hussards de l'escorte, et d'abord Fabrice ne comprenait pas; enfin il remarqua qu'en effet presque tous les cadavres étaient vêtus de rouge. Une circonstance lui donna un frisson d'horreur; il remarqua que beaucoup de ces malheureux habits rouges vivaient
10   encore; ils criaient évidemment pour demander du secours, et personne ne s'arrêtait pour leur en donner. Notre héros, fort humain, se donnait toutes les peines du monde pour que son cheval ne mît les pieds sur aucun habit rouge. L'escorte s'arrêta; Fabrice, qui ne faisait pas assez d'attention à son devoir de soldat, galopait toujours en regardant un
15   malheureux blessé.
    - Veux-tu bien t'arrêter, blanc-bec ! lui cria le maréchal des logis.
Fabrice s'aperçut qu'il était à vingt pas sur la droite en avant des généraux, et précisément du côté où ils regardaient avec leurs lorgnettes. En revenant se ranger à la queue des autres hussards restés à quelques
20   pas en arrière, il vit le plus gros de ces généraux qui parlait à son voisin, général aussi, d'un air d'autorité et presque de réprimande; il jurait. Fabrice ne put retenir sa curiosité; et, malgré le conseil de ne point parler, à lui donné par son amie la geôlière, il arrangea une petite phrase bien française, bien correcte, et dit à son voisin:
25   - Quel est-il ce général qui *gourmande* son voisin ?
    - Pardi! c'est le maréchal!
    - Quel maréchal?
    - Le maréchal Ney, bêta! Ah ça! où as-tu servi jusqu'ici? Fabrice, quoique fort susceptible, ne songea point à se 40 fâcher de l'injure; il
30   contemplait, perdu dans une admiration enfantine, ce fameux prince de la Moskova, le brave des braves.

Questions
1. Quels types de discours retrouvez-vous dans cet extrait? Justifiez votre réponse.
2. Trouvez les mots utilisés en coréférence (ou répétés) qui relient chaque paragraphe au suivant et indiquent l'organisation de l'énoncé. Quelle est cette organisation?
3. Donnez les temps des verbes suivants et indiquez leur valeur: '*nous avouerons*' (l.1), '*était jonché*' (l.5), '*mît*' (l.12), '*vit*' (l.20).
4. Quels sont les sentiments de Fabrice? Faites la liste des mots qui contribuent à les communiquer aux destinataires.

5. Le narrateur regarde Fabrice avec quelque amusement:
quels sont les mots qui traduisent ce sentiment?
6. Expliquez *'jonché de cadavres'* et *'blanc-bec'*.
7. Trouvez une métonymie dans le texte et expliquez-la.
8. En vous aidant de vos réponses aux questions 4, 5, 6 et 7, interprétez ce que le narrateur de cet extrait veut nous communiquer.

Il est évident que les apprenants/e/s se trouvent ici en face d'un récit qui diffère du discours narratif utilisé dans le texte publicitaire précédent, et qui comporte aussi description et dialogue. L'hétérogénéité du discours en question est implicite dans la première question. En l'absence de connecteurs chronologiques, la progression du récit peut être perçue à partir des reprises, (deuxième question). La troisième question permet de rappeler la fonction des oppositions imparfait/passé simple ainsi que l'irréalité du mode subjonctif. Le futur dans ce récit au passé, utilisé avec un pronom personnel à la première personne du pluriel, illustre l'intrusion du narrateur dans le récit et le décalage temporel mis ainsi en relief dans le discours. Cette question est aussi l'occasion d'une révision de la conjugaison des verbes et de la reconnaissance du passif. A travers les questions 4 et 5, j'ai voulu obliger les apprenant/e/s à se tourner vers le texte pour justifier leurs commentaires interprétatifs. Il est bien certain, comme le témoignent également les trois dernières questions, que l'interprétation des apprenant/e/s est guidée par l'enseignant/e; mais, dans ma situation particulière, cette contrainte est contrebalancée par une discussion en classe - discussion entreprise après que les réponses données ont été corrigées - qui permet de considérer et d'évaluer d'autres remarques et interprétations. Car, il est bien évident que d'autres traits auraient pu être soulignés; ainsi, le lien entre la phrase d'introduction et celle de clôture aurait pu être évoqué par rapport aux questions 5 et 8. Enfin, une relecture, faite à la lumière des réponses et de la discussion, permet de souligner la dynamique communicative du texte.

Le résultat de cette approche de la compréhension à travers une grammaire de texte, est de renvoyer les apprenant/e/s au texte pour qu'ils/elles puissent s'assurer de la base linguistique de leur interprétation, leur tendance étant d'invoquer une impression générale laissée par la lecture du texte pour justifier cette interprétation. Cette pratique commence à influencer la lecture d'extraits plus longs, proposés sans questions - par exemple un chapitre de *L'Etranger* de A. Camus, ou de *Enfance* de N. Sarraute - qui sont inclus dans le cursus. Desormais, les apprenant/e/s recherchent particulièrement les coréférents, les connecteurs et les temps verbaux, pour appuyer leurs remarques interprétatives.

En conclusion, je soulignerai que cette approche pédagogique est sans cesse revue pour être améliorée; elle n'est pas la seule à devoir être utilisée pour la compréhension d'un texte, mais elle est la base nécessaire sur laquelle d'autres analyses peuvent s'appuyer. Son évaluation en est encore à ses débuts. Pour commencer, les apprenant/e/s ont été désorienté/es: à part quelques exceptions, ils/elles n'avaient jamais considéré la grammaire comme intervenant dans la compréhension d'un texte. Par la suite, après s'être familiarisé/e/s avec la stratégie et le métalangage employés, ces étudiant/e/s ont manifesté un intérêt croissant et éprouvé le plaisir de la découverte. Un autre atout découlant de cette approche est le renforcement de la grammaire de phrase, particulièrement par rapport aux sens et aux rôles des morphèmes, et le développement du lexique et de sa fonction grâce au travail sur la coréférenciation. Les obstacles n'ont pas disparu en ce qui concerne l'interprétation du texte: il est encore difficile de faire accepter que cette interprétation est, premièrement, autre chose qu'une paraphrase, et deuxièmement, qu'elle est le résultat d'une interactivité entre le texte et le/la destinataire, donc qu'elle est soumise à des contraintes et à des limites. Cependant le résultat de cet apprentissage semble prometteur: l'une des apprenantes déclarait que cette approche d'un texte conditionnait désormais sa lecture dans sa propre langue. Il faut souhaiter qu'à travers cet apprentissage, les apprenant/e/s approfondissent leur compréhension et par là-même, leur plaisir du texte.

Références

Barthes, R. (1966) "Introduction à l'Analyse Structurale des Récits", *Communications 8*, pp. 1-27.

Baudry, J. (1989) "Lire en Seconde: la Coréférenciation comme Instruction de Lecture", *Le Français d'Aujourd'hui 86*, pp.66-72.

Beaugrande, R.A. et Dressler, W.V. (1981) *Introduction to Text Linguistics*, Longman.

Bouchard, R. (1989) "Texte, Discours, Document", dans ... *Et la Grammaire, Le Français dans le Monde*, pp.160-172.

Charaudeau, P. (1992) *Grammaire du Sens et de l'Expression*, Hachette Education.

Charolles, M. (1978) "Introduction aux Problèmes de la Cohérence des Textes", *Langue française 38*, pp.7-41.

Charolles, M. (1986) "Le Problème de la Cohérence dans les Etudes Françaises sur le Discours durant la Période 1965-1975", dans Charolles, M., Petöfi, J.S., et Sözer, E. (eds.), *Research in Text Connexity and Text Coherence*, Buske, pp.3-60.

Charolles, M. (1988) "Les Etudes sur la Cohérence, la Cohésion et la Connexité Textuelles depuis la Fin des Années 1960", *Modèles Linguistiques, X, 2*, pp.45-66.

Combettes, B. (1992) *L'Organisation du Texte*, Didactique des Textes, Université de Metz.

Genette, G. (1966) "Frontières du Récit", *Communications 8*, pp.152-172.

Greimas, A.J. (1966) *Sémantique Structurale*, Larousse.

Halliday, M.A.K. et Hasan, R. (1976) *Cohesion in English,* Longman.

Hatakeyama, K., Petöfi, J.S. et Sözer, E. (1985) "Text, Connexity, Cohesion, Coherence", dans Sözer, E. (ed.) *Text Connexity, Text Coherence*, Buske, pp.36-105.

La Fontaine, J. de (1985) *Fables*, Tomes I & II, Bordas.

Lainé, P. (1986) *La Dentellière*, Methuen Educational Ltd.

Lecomte, A. et Marandin, J.M. (1986) "Analyse du Discours et Morphologie Discursive" dans Charolles, M., Petöfi, J.S., et Sözer, E. (eds.), *Research in Text Connexity and Text Coherence*, Buske. pp.61-100.

Lehmann, D. (1985) "La Grammaire de Texte: Une Linguistique Impliquée?", *Langue Française 68*, pp.100-114.

Lundquist, L. (1985) "Coherence: From Structures to Processes", dans Sözer, E. (ed.) *Text Connexity, Text Coherence*, Buske, pp.151-175.

Moirand, S. (1990) *Une Grammaire des Textes et des Dialogues*, Collection

F, Hachette.

Pêcheux, M. et Fuchs, C. (1975) "Mises au Point et Perspective à propos de l'Analyse Automatique du Discours", *Langages 37*, pp.7-81.

Péry-Woodley, M.P. (1993) *Les Ecrits dans l'Apprentissage*, Collection F, Hachette.

Petöfi, J.S. (1985) "Procedural Aspects of Text Interpretation. Interaction between Text and Interpreter in the Meaning-Constitutive Interpretation Process", dans Sözer, E. (ed.) *Text Connexity, Text Coherence*, Buske, pp.36-105.

Randquist, M.G. (1985) "The Barely Visible Glue. Some Aspects of Textual Connectedness" dans Sözer, E. (ed.) *Text Connexity, Text Coherence*, Buske, pp.189-218.

Reichler-Béguelin, M.J. (1988) *Ecrire en Français. Cohésion Textuelle et Apprentissage de l'Expression Ecrite*, Delachaux & Niestlé.

Stendhal (1990) *La Chartreuse de Parme*, Ed. J'ai lu, Flammarion.

Todorov, T. (1966) "Les Catégories du Récit Littéraire", *Communications 8*, pp.125-151.

Vigner, G. (1978) *Lire: du Texte au Sens*, Didactique des Langues Etrangères, Clé International.

Weinrich, H. (1989) *Grammaire Textuelle du Français*, Didier-Hatier.

Notes

1. Utiliser une langue non-sexiste en français n'est pas facile. J'emploierai soit un mot auquel les deux genres sont applicables, e.g. destinataire, soit le lexème masculin en y ajoutant la terminaison féminine. Dans d'autres cas, pour éviter des lourdeurs de phrases, e.g. le/la lecteur/lectrice, j'utiliserai soit le féminin, soit le masculin, et je demanderai aux destinataires d'y lire le genre absent.

2. Cet article n'est pas un exposé théorique de ce qui a été écrit sur les notions de cohérence et de cohésion; je mentionnerai seulement les définitions et explications qui m'ont permis de m'assurer de la validité de la grammaire de texte que je désirais proposer à mes étudiant/e/s.

3. M. Charolles (1978, *Langue française*, 12) propose quatre méta-règles de cohérence: de répétition, de progression, de non-contradiction et de relation.

4. A la suite de M.J. Reichler-Béguelin (1988), j'appellerai cotexte le contexte verbal, c'est à dire le texte qui précède et/ou suit un énoncé.

5. M.G. Randquist inclut sous ce mot, cohérence et cohésion: "Connectedness (coherence, cohesion) is the quality that determines the textuality of an utterance." (p.189).

6. Il est évident que certains textes - par exemple des textes publicitaires - sont conçus de façon à inviter à un autre genre de lecture grâce à la typographie, aux couleurs, aux signes iconiques, etc.

Le subjonctif: quel type de présentation adopter?

Jean-Pierre Mailhac, University of Salford

Source de difficulté pour l'étudiant/e apprenant le français en tant que langue étrangère, le subjonctif pose également un problème à l'enseignant/e qui doit choisir parmi les présentations disponibles celle qui sera la plus rentable pédagogiquement. Or, le plus souvent, sans doute par manque de place ou afin de satisfaire une exigence de simplicité, les auteurs de grammaires ne prennent pas la peine de justifier leur choix en indiquant les mérites de leur démarche par rapport aux options concurrentes implicitement rejetées. Nous nous proposons donc de mettre en évidence les difficultés que soulèvent les descriptions des emplois du subjonctif dans un certain nombre d'outils pédagogiques d'utilisation courante, pour ensuite démontrer qu'une explication s'inspirant de la théorie formulée par Guillaume permet non seulement d'éviter ces écueils, mais encore de clarifier les points normalement laissés dans l'ombre et de simplifier certains aspects, moyennant quelques aménagements. Bien entendu, les présentations s'inspirant, explicitement ou non, de Guillaume, seront elles aussi soumises à la critique là où des améliorations paraîtront possibles. Auparavant, quelques remarques préliminaires s'imposent.

Tout d'abord, une évidence: les emplois du subjonctif constituent un domaine extrêmement varié mettant en jeu un réseau complexe de facteurs syntaxiques, sémantiques (continuum de valeur modales), stylistiques et diachroniques (évolutions reflétées dans les niveaux de langue). L'usage de cette forme ne se laissera pas réduire à quelque principe enfantin qui permettrait à l'apprenant/e de choisir mécaniquement le bon mode sans risque d'erreur. Il n'existe pas de solution miracle et un minimum d'analyse est inévitable.

En second lieu, la question sera abordée au niveau du cadre conceptuel qui

sous-tend toute présentation et ce dans l'optique d'une grammaire
d'apprentissage. Ceci entraîne deux conséquences. D'une part, nous ne serons
pas à même d'explorer le second temps de la démarche pédagogique, à savoir
l'exploitation de ce cadre conceptuel en fonction des ressources et des
contraintes de telle ou telle situation pédagogique. D'autre part, et la différence
est cruciale, il s'agira non pas de décrire et d'expliquer de manière exhaustive
les emplois du subjonctif, mais plutôt de dégager des critères, aussi simples que
possible, qui permettront à l'apprenant/e d'éviter le maximum d'erreurs. La
discussion porte ainsi sur le choix, incontournable, d'un principe de présentation
et sur la rentabilité des outils de décisions qui en découlent pour l'apprenant/e.

Par ailleurs, le subjonctif a fait l'objet d'innombrables études linguistiques.
Cependant, ici comme ailleurs, l'apport des linguistes à la didactique des
langues est limité par le fait que les deux disciplines obéissent à des finalités
radicalement différentes. L'appareil conceptuel auquel le linguiste est obligé de
faire appel afin de satisfaire les exigences de sa théorisation s'avérera trop
abstrait et trop compliqué pour satisfaire celles de la didactique, d'où le besoin
de simplifier et d'élaguer.

Enfin, si l'on fait abstraction des études proprement linguistiques, les
ouvrages sur lesquels s'appuie la présente analyse comprennent:
- des manuels scolaires ou universitaires (Whitmarsh (1960), Moore et al.
(1979), Adamson et al. (1980), King et Parke (1984), Corless et al.
(1987), Marriott et Ribière (1990), Batchelor et Offord (1993), Nott
(1993));
- des grammaires françaises destinées aux anglophones (comme par
exemple, celles de Mansion (1952), Ferrar (1967), Judge et Healey
(1985), Byrne et Churchill (1986));
- des ouvrages de grammaire française à l'usage des francophones
(Wagner et Pinchon (1962), Chevalier et al. (1964), Dubois et Lagane
(1973), Baylon et Fabre (1973), Delatour et al. (1991));
- des dictionnaires de difficultés d'usage qui traitent, de manière très
succincte, la question de l'emploi des modes (Girodet (1981), Colin
(1984));
- des dictionnaires de terminologie grammaticale (Arrivé et al. (1986),
Bescherelle 3. La grammaire pour tous (1990));
- deux brochures publiées dans le cadre d'un projet concernant
l'enseignement de la grammaire aux anglophones (L'Huillier et Thatcher
(s.d.), Birks et al. (s.d.)).
Ce recensement ne prétend nullement être exhaustif, ni même refléter les

préférences des professeurs. Il s'agit plutôt d'illustrer les principaux types de problèmes associés à la présentation du subjonctif à partir d'un échantillon d'outils pédagogiques susceptibles d'être utilisés, fût-ce à des degrés divers, par les enseignant/es du français langue étrangère en Grande-Bretagne.

Si on laisse de côté les critiques plus ponctuelles, il est possible d'identifier, en schématisant, huit modes de présentation qui s'avèrent opératoirement inadéquats.

Fréquemment, il n'est fourni aucun principe explicatif général susceptible de guider l'apprenant/e. Il en résulte une présentation morcelée et, par là même, pédagogiquement inefficace, qui se borne à proposer une liste de contextes dans lesquels le subjonctif est utilisé (type: "On trouve le subjonctif après ... "). C'est le cas, parmi d'autres, de *La grammaire pour tous* (Bescherelle 3), et des ouvrages de Whitmarsh (1960, 205-206), King et Parke (1984, 127-130)[1], Batchelor et Offord (1993, 244-253) et Ferrar (1967). Ce dernier propose un principe, auquel nous reviendrons dans un instant, pour ensuite l'abandonner au profit d'une énumération jugée plus simple: "In practice it will be found much simpler if the Subjunctive is considered as being required in certain set constructions and circumstances, the commonest of which are given below." (1967, 92). On observe une position analogue dans *Le français en faculté*, p.60:

> The subjunctive, like the indicative, is a mood of the verb [...]. It is used when the speaker wishes to present an idea not as a matter of fact (this is the function of the indicative) but merely as a notion he is entertaining in his mind. In practice, however, the French subjunctive is most often used as a response to its grammatical environment, so the foreign learner might find it easier to learn the contexts where the subjunctive occurs rather than its "meaning".

Sans doute justifiable lorsque les objectifs pédagogiques sont très limités, cette méthode a tôt fait de mettre à l'épreuve la mémoire de l'apprenant/e dès lors que la liste s'allonge.

Pour certains, le subjonctif exprime "une *réaction émotive* (*approbation, désapprobation, indifférence, contentement, regret, déception, honte, étonnement,* etc.)" ou encore la crainte, le doute, le but, etc. (Corless et al., 1987, 239). C'est là manifestement confondre les significations portées par le contexte avec ce qui pourrait constituer la valeur sémantique de ce mode. Ici encore, on débouche sur une présentation-liste sans dénominateur commun. A noter que promouvoir l'une de ces valeurs contextuelles au rang de signifié fondamental serait tout aussi problématique, sinon plus.

D'autres privilégient certaines catégories de valeurs contextuelles et voient dans le subjonctif le mode de la subjectivité, de l'appréciation, de l'interprétation. Ce type de position est celui qui est retenu par Birks et al. (s.d., 23). On le retrouve chez Delatour et al., pour qui "Le mode subjonctif s'emploie dans une proposition subordonnée pour exprimer une appréciation ou une interprétation [...] et après certaines conjonctions [...]." (1990, 58). Ceci crée une incohérence puisque les cas où les verbes ou expressions qui véhiculent ce genre de signification se construisent avec l'indicatif ne sont pas rares (*penser, croire, estimer, juger, considérer, espérer, sentir, imaginer, supposer, admettre; être convaincu que; il est clair/évident/manifeste/certain/ sûr/incontestable/indéniable/vrai/probable que; la certitude/l'espoir que, etc.*)[2]. En outre, la possibilité d'un dénominateur commun à tous les emplois se voit bloquée, ce qui entraîne une classification arbitraire (cf. "et après certaines conjonctions") retombant dans le travers de la présentation-liste.

Naturellement, plus la valeur attribuée au subjonctif sera subjective et donc insaisissable, plus l'application du principe soulèvera de difficultés. Ainsi, interprétée littéralement, la position de Ferrar, pour qui "The presence of the Subjunctive suggests that what happens is being viewed in the light of some sort of emotion" (1967, 92), implique qu'on ne devrait pas trouver de subjonctif dans des types de discours où les émotions n'ont aucune place (textes scientifiques, règlements, modes d'emplois, etc.), ce qui est manifestement erroné. Même chose pour la formule de Le Bidois reprise par Mauger: "Il traduit essentiellement un mouvement de l'âme." (1968, 252) ou celle de Grevisse qui évoque "un certain dynamisme de l'âme" (1982, 361).

La conception psychologisante selon laquelle le subjonctif serait le mode de l'"énergie psychique", due à l'origine à G. et R. Le Bidois, est celle que retient encore Colin dans son *Dictionnaire des difficultés du français* (1984, 718). Jamais véritablement définie et opératoirement stérile cette notion amènerait à poser que l'"énergie psychique" est, par exemple, présente dans: *il doute qu'elle soit d'accord; je reste jusqu'à ce que ce soit fini; bien qu'il pleuve, je sors*, mais absente dans: *il est absolument convaincu qu'elle est d'accord; je reste jusqu'au moment où c'est fini; il pleut, mais je sors quand même.*

Il n'est pas rare que le subjonctif soit perçu, à des degrés divers, comme le mode de la subordination. Ainsi, pour la *Grammaire Larousse du français contemporain*, le subjonctif est "surtout le mode de la subordination" (Chevalier et al., 1964, 365). S'il est vrai que la quasi-totalité des emplois du subjonctif s'observent dans des propositions subordonnées, il n'en reste pas moins que le corollaire n'est pas vrai, puisque subordination n'implique pas automatiquement subjonctif, le nombre de subordonnées à l'indicatif ou au conditionnel étant considérable.

Dans *Points de départ* (1993), Nott propose de rendre compte de l'emploi du subjonctif en fonction des concepts de "valeur informative", "réalité", "modification de sens" et "modification de statut" du verbe. La notion de "valeur informative" est définie à partir de l'indicatif:

> L'emploi de *l'indicatif* signifie "c'est comme ça", ou "ce n'est pas comme ça", ou "(n')est-ce (pas) comme ça?": on présente, *sans la modifier*, l'information dans la proposition subordonnée, et on *assume*, jusqu'à un certain point, *la responsabilité* de l'information. (p.133)

Au contraire, l'emploi du subjonctif "signifie que *le sens ou le statut du verbe* dans la proposition subordonnée a été *modifié* par la proposition principale" (id.). Ces concepts sont néanmoins problématiques comme en témoignent les exemples qui les illustrent:

Modification de sens

> je préférerais qu'ils *ne fassent pas* de bruit
> Réalité: ils font du bruit
> on va attendre qu'ils *soient* tous là
> Réalité: ils ne sont pas (encore) tous là

> La proposition principale *modifie le sens* du second verbe: on n'emploie pas l'indicatif (ils *ne font pas* de bruit; ils *sont* tous là) parce que ce serait contraire à la réalité. (id.)

Certes les procès exprimés ici au subjonctif renvoient au contraire de la réalité telle qu'elle est appréhendée par le locuteur ou la locutrice. Toutefois, le subjonctif peut s'appliquer aussi bien à un procès en accord avec la réalité perçue (*je suis ravie que vous ayez pu venir*), qu'à un procès en contradiction avec celle-ci (*je préférerais qu'ils ne fassent pas de bruit*). Formulé ainsi, le critère n'est donc pas opératoire. Il en va de même pour le concept de "modification de statut":

Modification de statut

j'aime qu'ils *fassent* du bruit
Réalité: ils font du bruit
ou: ils font souvent du bruit
ou: ils vont (peut-être) faire du bruit, etc

je suis parti avant qu'ils *soient* arrivés
Réalité: ils sont arrivés plus tard
ou: ils ne sont pas arrivés
ou: on ne sait pas s'ils sont arrivés (id.)

La notion de "statut", pas plus que les rapports qu'elle entretient avec celle de "sens", ne sont explicités. De surcroît, tous les commentaires qui accompagnent *j'aime qu'ils fassent du bruit* pourraient s'appliquer à *je trouve qu'ils font du bruit*. La notion de "modification de statut" ne permet donc pas, elle non plus, d'opposer le subjonctif à l'indicatif.

Pour certains, une forme grammaticale ne saurait véhiculer une signification que s'il est possible de lui substituer une autre forme dans le même contexte. D'où un subjonctif tantôt porteur de sens, tantôt dépourvu de toute valeur sémantique. Citons Dubois et Lagane (1973, 214):

> Certaines conjonctions (*pour que, quoique,* etc.) ou certains verbes dans la proposition principale (*vouloir, falloir,* etc.) imposent le subjonctif dans la subordonnée. Le subjonctif est alors une *servitude grammaticale*, et il n'exprime par lui-même aucune valeur particulière puisque le choix de tout autre mode est impossible.

> Lorsque, dans un même contexte, un *choix* est possible entre l'*indicatif* et le *subjonctif*, l'opposition des modes correspond en général à une *opposition de sens* ou *de valeur*. En principe, l'indicatif exprime un fait considéré comme *réel*, et le subjonctif un fait seulement envisagé comme *possible*, ou souhaité [...].

La complexité des ramifications théoriques de ce type d'interprétation est telle qu'il est impossible d'en faire ici la critique, on se contentera donc de quelques remarques.[3] Au coeur de cette conception fonctionaliste, fondée à l'origine sur des emprunts à la théorie de l'information et à la phonologie, résident diverses confusions, en particulier sur les notions d'information et de sens ainsi que sur celle de choix (voir ci-dessous). La seule façon d'aboutir à la conclusion qu'une forme obligatoire ne peut avoir de sens est de confondre information et sens. Qui plus est, le subjonctif est bizarrement le seul mode à propos duquel on fasse état de ce principe. En effet, c'est en vain qu'on chercherait une grammaire ou une étude linguistique affirmant que l'indicatif n'a aucun sens dans un énoncé comme *l'année dernière, quand il nous rendait visite, il venait toujours seul*, en dépit du fait qu'il est le seul mode possible autant dans la principale que dans la subordonnée. On peut également s'interroger sur la manière dont il conviendrait d'analyser une phrase du type *il fallait qu'il vienne*. Doit-on poser que *vienne* ne véhicule aucun signifié modal, puisque le subjonctif constitue une servitude grammaticale, mais véhicule un signifié temporel, dès lors qu'on pourrait lui substituer *vînt*? En pratique, l'application de ce principe empêche a priori de mettre en évidence la présence d'un dénominateur commun à tous les emplois du subjonctif.

Quoique manifestement inspirée de Guillaume, la formulation de Judge et Healey s'avère problématique dans la mesure où elle s'efforce de conserver l'optique guillaumienne tout en privilégiant la notion de choix. Ces auteurs opposent ainsi deux types de subjonctifs:

> [...] in many cases the use of the subjunctive is determined by some structural feature contained in the main clause, in which case it is predictable and, therefore, noncontrastive (i.e. it carries no special meaning), as in *il faut qu'il vienne*. Here, the subjunctive is required in the subordinate clause because of the use of *il faut* in the main clause. This use of the subjunctive is sometimes called the 'amodal' subjunctive. It is said to be a *servitude grammaticale*, meaning that it is compulsory. Here this is referred to as 'the harmonizing subjunctive' in order to emphasize its positive aspects. (1985, 131)

Suit une référence à un passage où est clarifiée la nature de ces "aspects positifs". L'harmonisation est à concevoir comme une sorte d'accord sémantique ("semantic agreement", p.139): "Thus *il faut qu'il vienne* is a case of such a use: *il faut* refers to a necessity, but the action may or may not take place, hence the subjunctive." (id.).

Le second type est défini comme: "The subjunctive as a carrier of meaning (or 'contrastive subjunctive')" (p.131) :

> In opposition to this compulsory use of the subjunctive, one may quote

a relatively small number of cases in which there is a contrastive choice between the use of the indicative and the subjunctive, as in:

> *nous comprenons que vous avez commis une erreur*
> (plain statement of fact)
> *nous comprenons que vous ayez commis une erreur*
> (implies sympathy and understanding) (id.)

Suivent alors d'autres exemples de contrastes dans les relatives.

Cette conception, qui tente de faire la synthèse de cadres théoriques à bien des égards incompatibles, appelle deux critiques. Tout d'abord, c'est introduire une incohérence dans la logique guillaumienne que de parler d'accord ou d'harmonisation sémantique pour les seuls cas de servitude grammaticale, puisque la valeur de virtualité propre au subjonctif est tout aussi présente, et tout aussi en harmonie avec le contexte, dans les emplois considérés comme des cas de "choix". Il s'agit en réalité d'une fausse opposition entre un subjonctif contrastif porteur de sens (cf. "carrier of meaning"), et un subjonctif non contrastif qui, lui aussi, est bel et bien porteur de sens, faute de quoi il ne saurait assurer l'harmonisation sémantique. On voit poindre la cohérence guillaumienne derrière l'opposition qui la masque.

En outre, et cette erreur est fréquente parmi les auteurs qui privilégient la notion de choix, il arrive que ce qu'on nomme "choix" n'en soit pas un. A-t-on vraiment le choix du mode lorsqu'on utilise *comprendre* dans le sens de saisir, se rendre compte, s'apercevoir, sentir, etc. plutôt que dans le sens d'accepter les mobiles, les raisons d'une situation? La décision se situe en fait au niveau de l'acception du verbe principal et non sur le plan du mode, lequel est dicté par l'acception retenue. Il en serait de même pour toute une série de formes avec lesquelles une alternance est possible: *supposer* (voir Judge et Healey 1985, 141), *accepter, admettre, imaginer, suggérer, rêver, il arrive, etc.*, sans oublier tous les verbes exprimant la communication d'un message (*dire, marmonner, balbutier, crier, s'écrier, téléphoner, écrire, télégraphier, faire signe, indiquer, etc.*), qui requièrent l'indicatif, lorsque le contenu du message constitue une simple information, et le subjonctif, dès que ce contenu s'avère désidératif ou volitif (type: *le patron fit signe que le repas n'était pas prêt et que le client prenne l'apéritif*).

Absence de principe explicatif général; attribution au subjonctif de valeurs inhérentes au contexte; subjonctif mode de l'appréciation, de l'énergie psychique, de la subordination ou encore modificateur de la valeur informative; subjonctif porteur ou non de signification en fonction d'un "choix": aucune de ces conceptions ne s'avère adéquate d'un point de vue pédagogique, si le but est de fournir à l'apprenant un principe opératoire apte à minimiser le nombre d'erreurs.

Débarrassée de son mentalisme et des caractéristiques qu'il entraîne (voir Mailhac, 1988), et moyennant certains aménagements, la théorie du subjonctif due à Guillaume paraît propre à fournir une interprétation à la fois puissante et cohérente des emplois du subjonctif. Simplifiée, pour satisfaire les exigences de la didactique, elle est apte à constituer la base d'une présentation des emplois dans le cadre d'une grammaire. Il n'est pas question d'en faire ici un exposé détaillé. Nous renvoyons aux ouvrages linguistiques (tels ceux de Guillaume (1970, 1971), Moignet (1959), Wilmet (1972)), ainsi qu'aux présentations pédagogiques qui, explicitement ou non, s'inspirent de Guillaume (par exemple: Mansion (1952), Wagner et Pinchon (1962), Baylon et Fabre (1973), L'Huillier et Thatcher (s.d.)). Nous nous bornerons à en dégager les lignes de force afin de démontrer ses avantages tout en suggérant au passage des simplifications et des améliorations possibles d'un point de vue didactique. Auparavant, deux remarques.

Toute explication de l'emploi des modes devra mentionner brièvement le concept de modalité et montrer comment une même modalité est susceptible de se traduire de diverses façons dans le discours. Les étiquettes correspondant aux différents types de modalités, si abstraites et proches les unes des autres, sont toujours problématiques. On emploiera ici la terminologie guillaumienne qui, en plus de ses avantages du point de vue de la théorisation linguistique, constitue un outil exploitable didactiquement.

Par ailleurs, nous suivrons l'usage qui consiste, à titre de simplification, à contraster globalement le subjonctif avec l'indicatif en faisant abstraction du conditionnel[4] ainsi que de certains emplois modaux des formes de l'indicatif, comme, par exemple les emplois de l'imparfait à valeur d'irréel (présent, passé ou futur), d'éventuel (id.), ou encore à valeur préludique.

Selon la théorie guillaumienne, l'indicatif se caractérise par une représentation du temps élaborée et permet de situer le procès (c'est-à-dire, l'événement ou l'état signifié par le verbe) dans le temps en le présentant comme actuel (c'est à dire, certain ou probable). Le subjonctif, pour sa part, offre une représentation du temps non élaborée, comme en témoignent le nombre limité de contrastes temporels possibles et la souplesse d'utilisation du présent du subjonctif (*il voulait/veut/voudra que tu viennes*). Il présente le procès comme virtuel (possible, ou même, moins que possible). Le recours aux notions de certain, de probable, de possible et de moins que possible permet de présenter les abstractions que sont l'actuel et le virtuel en fonction d'un pourcentage de probabilité (les guillaumiens parlent des "chances d'être ou de ne pas être") conceptuellement plus accessible: 0% pour le moins que possible; jusqu'à 50% (point auquel les chances d'être et de ne pas être s'équilibrent) pour le possible; plus de 50% pour le probable et 100% pour le certain. On obtient alors: virtuel (subjonctif) ≤ 50%; actuel (indicatif) > 50%. Soulignons néanmoins que c'est là une simplification pédagogique destinée à aider l'apprenant/e. En réalité, il s'agit d'un passage progressif au sein d'un continuum de modalités et non d'un seuil abrupt. Les facteurs qui détermineront le choix du mode varieront selon la structure syntaxique (sémantisme du verbe, de l'adjectif ou du substantif de la proposition principale; sémantisme de la conjonction; statut de l'antécédent), mais le mécanisme fondamental reste le même. Selon Guillaume, la subordination met deux notions dans une relation telle que l'une est vue à travers l'autre. Ainsi, dans *je veux qu'il vienne, je veux* constitue l'"idée regardante", tandis que *qu'il vienne* représente l'"idée regardée". Utiles au linguiste, auquel ils permettent de traiter par le biais d'une même abstraction des phénomènes formellement disparates, les concepts d'idée regardante et d'idée regardée ne paraissent pas indispensables d'un point de vue pédagogique. On en fera donc l'économie.

Examinons tour à tour les divers environnements syntaxiques dans lesquels le choix modal se présente, afin de mettre en lumière les avantages de cette interprétation et d'améliorer, le cas échéant, les formulations.

Les emplois de la catégorie qui est sans doute la plus vaste, celle des complétives introduites par *que*, peuvent être immédiatement réduits à une règle très simple: lorsque l'événement (le procès) est *explicitement* présenté comme certain ou probable, il convient d'employer l'indicatif. Le subjonctif sera réservé à tous les autres cas.

Pour aboutir au bon choix, il est essentiel de distinguer soigneusement l'explicite de l'implicite, le dit du présupposé.[5] Dans *je sais qu'il est venu*, la certitude est explicitement affirmée. Par contre, dans un énoncé comme *je regrette qu'il soit venu*, le locuteur ou la locutrice sait pertinemment que la personne est venue, mais ce fait est simplement impliqué. L'intention est d'exprimer un regret ce qui, en soi, ne constitue pas une affirmation de certitude ou de probabilité. La virtualisation d'un événement connu comme réel a lieu sous l'effet de l'évaluation critique qui implique inévitablement une comparaison avec d'autres possibilités (ici, la possibilité que la personne ne soit pas venue). Cette réduction de l'actuel au possible permet en quelque sorte de comparer le comparable, à savoir des possibilités. Dégagée des entraves du plan de l'actuel, la pensée critique peut s'exercer en toute liberté dans le champ du virtuel où elle opère sur de simples possibilités.

L'accent mis sur le contexte sémantique signifie que les cas d'alternance dûs à la polysémie du verbe, du nom ou de l'adjectif qui régit la subordonnée s'expliquent naturellement: *je suppose/j'imagine qu'il est malade* représentent une affirmation de probabilité, face à *supposons/imaginons qu'il soit malade* qui introduisent une pure hypothèse. On remarque au passage que l'exemple de contre-argument pouvant être adressé à la théorie guillaumienne qu'avancent Arrivé et al. est irrecevable:

> [...] dans *il imagine faussement que Pierre est là*, la présence de Pierre n'est en rien "actualisée", elle est au plus haut point "imaginée". Et pourtant l'indicatif s'impose, aux dépens du subjonctif, qui, possible dans certains états anciens de la langue, est exclu en français contemporain. (1986, 635; voir également p.637)

Pour le sujet, la présence de Pierre est manifestement perçue comme probable, même si, aux yeux de l'auteur de l'énoncé, il a tort. L'adverbe n'infléchit nullement l'affirmation de probabilité que constitue *il imagine*, mais se borne à refléter un jugement porté par une personne autre que le sujet. Le mécanisme n'est pas analogue à celui qu'on observerait dans un énoncé comme *il imagine mal que Pierre soit là*, dans lequel l'adverbe *mal*, à l'instar d'une négation, joue sur l'équilibre de probabilité du point de vue du sujet lui-même, d'où la différence modale (voir ci-dessous).

On peut faire l'économie, au sein des complétives, de la catégorie des "constructions impersonnelles", si fréquemment évoquée (voir, par exemple, Judge et Healey 1985, 142; Moore et al., 1979, p.168: "impersonal signals"), alors même qu'elle n'a aucune valeur opératoire en tant que critère de détermination du mode, comme en témoigne l'existence, parallèlement aux formes qui régissent le subjonctif, de toute une série de constructions impersonelles suivies de l'indicatif (*il est clair/évident/manifeste/certain/sûr/ incontestable/indéniable/vrai/probable, il apparaît/ressort/résulte/s'ensuit/ s'avère/appert/se trouve, il me semble, etc.*). Le problème didactique qu'entraîne la référence aux constructions impersonnelles est particulièrement sensible dans *Le français en faculté*, p.62:

> The *verbs* which signal the subjunctive are of two kinds:
> - a first group of verbs express an emotional attitude on the part of the subject [...].
> e.g. *Vous voulez que* nous restions ici.
> - a second group of verbs have impersonal *il* as subject [...].
> e.g. *Il faut que* le patron s'en aille.

Lorsque les constructions impersonnelles régissant le subjonctif sont présentées à la page suivante, elles sont immédiatement suivies d'une remarque qui attire l'attention sur une progression de l'improbable au probable et la présence de l'indicatif après *il me semble, il est probable, il est certain*.

La solution guillaumienne rend compte avec une élégante simplicité de phénomènes apparemment hétérogènes. Différents facteurs peuvent en effet faire basculer l'équilibre de probabilité: la négation (le probable devient non probable; la certitude devient incertitude: *je ne pense pas qu'il vienne, il n'est pas probable/certain qu'il vienne*); la restriction (même chose: *il est peu probable qu'il vienne*); l'interrogation - en style soigné - (mise en débat de la probabilité: *Pensez-vous qu'il puisse venir?*); un contexte hypothétique (mise en hypothèse de la probabilité; *si vous jugez qu'il puisse le faire*); un contexte volitif (probabilité sous visée volitive: *je veux bien croire qu'il ait raison*).

Plusieurs points appellent des remarques particulières. Il convient de ne pas se méprendre, comme le font, par exemple, Marriott et Ribière (1990, 100), sur le sémantisme du verbe *espérer*, qui ne doit pas être assimilé à la notion de souhait. L'espérance implique un élément de probabilité absent du souhait. *Le nouveau Petit Robert* la définit ainsi "le sentiment qui fait entrevoir comme probable la réalisation de ce que l'on désire" et renvoie à *assurance, certitude, confiance, conviction, croyance*. Même chose, bien entendu, pour *espérer* ("considérer (ce qu'on désire) comme devant se réaliser", id.) et *espoir* ("le fait d'espérer, d'attendre (qqch.) avec confiance" id.), alors que le souhait n'est qu'un simple désir. La situation n'est pas sans ressembler à celle de l'anglais où *to wish*, à l'instar de *souhaiter* et contrairement à *to hope*, n'est pas compatible avec l'indicatif.

Statistiquement, l'emploi de l'indicatif est plus fréquent avec *sembler* lorsque l'impression est attribuée à une personne (*il me/te/lui, etc. semble qu'elle a raison*), la signification se rapprochant alors de de celle de *penser, croire, estimer, etc.* Comparativement plus indéterminé, *il semble que* tend à constituer une affirmation plus prudente, d'où le subjonctif. L'usage, qui peut varier en fonction du niveau de langue, est fluctuant sur ce point et la nuance est subtile, mais, contrairement à ce que suggèrent Judge et Healey (1985, 141), la possibilité de ce contraste paraît réelle.

L'emploi, a priori paradoxal, du subjonctif avec *le fait que* provient du jeu de la pensée critique qui accompagne normalement cette expression (*le fait qu'il ait accepté me surprend/m'étonne/m'inquiète, etc.*) et peut reléguer au second plan le caractère factuel du procès (voir plus haut les commentaires concernant l'explicite et l'implicite).

En ce qui concerne les complétives introduites par *que* placées en début de phrase, on sait qu'elle sont normalement au subjonctif. Judge et Healey (1985, 153) évoquent l'explication avancée par Guillaume: "the subjunctive is used because one does not know what the main verb is going to be". Il s'agit donc d'employer le mode qui laisse le maximum de liberté. Chevalier et al. (1964, 114) s'engagent dans la même voie: "L'indicatif, nous l'avons vu, affirme qu'un fait est jugé comme certain par le sujet de la phrase. En début de phrase, un tel jugement n'a pu encore intervenir; parleur et auditeur en sont encore au stade de l'appréciation, du possible." Toutefois, Judge et Healey rejettent cette interprétation jugée moins intéressante et plus banale que celle qu'ils retiennent (1985, 153, n.2). Mais leur solution ne nous paraît pas satisfaisante. Comparant *il est certain qu'il l'a fait de bon coeur* et *qu'il l'ait fait de bon coeur, c'est certain* ils affirment:

> The difference betweeen *qu'il l'a fait* and *qu'il l'ait fait* is that the indicative introduces new information whereas the subjunctive conveys the idea of a pre-existing notion. In this case one is speaking in terms of psychological subordination as well as grammatical subordination: purely grammatical subordination does not demand the use of the subjunctive, as can be seen in *il est certain qu'il l'a fait de bon coeur*, whereas the use of the subjunctive in *qu'il l'ait fait de bon coeur, c'est certain*, appears to express psychological subordination. (1985, 133)

Cette explication prête le flanc à deux critiques. En premier lieu, la nature de l'information déjà connue, pas plus que celle qui est introduite pour la première fois ne sont précisées et l'on voit mal où résiderait le contraste. Dans les deux cas, l'énoncé présuppose une remarque antérieure suggérant que la personne dont il est question mérite un jugement de ce type à propos de la situation à laquelle le pronom (*l'*) renvoie. Le locuteur ou la locutrice réplique en abondant dans le même sens. En outre, la notion de subordination psychologique, qui n'est pas définie, paraît extrêmement floue et par là même opératoirement suspecte. Son statut est d'autant plus contestable que, sauf erreur, elle n'apparaît nulle part ailleurs dans les explications fournies, alors qu'elle est suffisamment puissante pour empêcher la présence du mode normalement attendu. Il paraît beaucoup plus logique de suivre Guillaume et Chevalier et al. puisque, au moment où se détermine le mode, même une visée actualisante ne saurait être plus qu'une simple possibilité d'elle-même.

Heureusement que et, surtout, *peut-être que* devraient logiquement être suivis du subjonctif. Cette incohérence apparente s'explique par le fait qu'avec des expressions adverbiales de ce type (*bien entendu/sans doute/certainement/ apparemment/heureusement que*), il n'y a pas à proprement parler de subordination, puisqu'elles ne constituent pas de véritables propositions principales; Grevisse (1986, 1619) les qualifie à juste titre de "pseudo-propositions".[6]

Les mécanismes de l'alternance modale dans les relatives sont parmi ceux qui, selon nous, pourraient être clarifiés et simplifiés. Tout d'abord, bien que tous les auteurs ne prennent pas la peine de le souligner, le subjonctif n'apparaît que dans les relatives déterminatives, dont le propre est de restreindre l'extension de l'antécédent.[7] Par ailleurs, on constate que l'emploi du mode dans les relatives liées à une idée d'exception (*le seul, le premier, le dernier, etc.*) ou à une restriction (*rien, personne, peu de, etc.*) est fréquemment présenté sans explication, ou accompagné d'une explication qui ne permet pas de rattacher ces emplois à un dénominateur commun. Mansion y voit "a shade of doubt or 'softened affirmation" (1951, 206), mais ceci ne cadre pas vraiment avec la réalité des emplois: où est le doute ou la prudence dans *c'est vraiment le meilleur ami que nous ayons?* Sans être incohérente, la formulation avancée par Guillaume lui-même nous paraît plus complexe que nécessaire. A propos des relatives qui suivent *le premier, le dernier, le seul, le plus, le moins* et autres expressions superlatives, il déclare:

> La pensée dans les emplois de ce genre opère dans un champ de comparaison plus ou moins vaste dont elle détache un objet qu'elle isole de tous ceux qui y restent en mettant sur lui la marque du superlatif.

Il se forme ainsi entre le champ de comparaison et l'objet qu'on en retranche et sur lequel la pensée s'arrête finalement un intervalle *q* essentiellement subjectif et aussi petit que l'on voudra, mais qui n'en suffit pas moins - le champ de la comparaison en cause n'étant rien d'autre que la ligne d'actualité - à provoquer l'emploi du mode subjonctif. (1970, 40)

Cette explication est reprise par Judge et Healey (1985, 144), mais leur formulation obscurcit le fait que l'extraction du groupe, propre de la visée superlative, coïncide avec un retrait de l'actuel à destination du virtuel représenté par l'intervalle *q*:

> If the antecedent is modified by *seul, unique, premier, dernier, peu* or by a superlative phrase, the antecedent is then isolated from the group of objects or people to which it would normally belong; this establishes a gap between the object or person referred to and the group as a whole which calls for the use of the subjunctive.

On note que l'explication de Martinet (1979, 125) n'est pas sans évoquer Guillaume:

> Après un terme plaçant l'antécédent au sommet d'une échelle comparative ("superlatif") comme: *premier, unique, seul*, le subjonctif permet de situer le terme de comparaison non dans l'expérience, mais dans un univers 'imaginé'.

Guillaumienne pour l'essentiel, la présentation d'Arrivé et al. ne reflète qu'imparfaitement la réalité sur ce point: "L'emploi du subjonctif s'observe quand le référent du syntagme nominal dont dépend la relative donne lieu à une sélection dans un inventaire limité de possibles" (1986, 638). Bien que, à la rigueur, on puisse interpréter des constructions du type *rien qui/personne qui, etc.* comme des cas limites d'inventaires restreints (ensemble vide), la formule ne rend pas compte d'énoncés du genre *je veux des milliers d'admirateurs qui me soient fidèles/il faut des millions de francs qui soient rapidement accessibles/supposons qu'il existe trois millions de consommateurs qui soient intéressés.*

A propos de l'exemple *Il y a peu d'hommes qui aient ce courage*, Guillaume déclare:

> La relative s'appuie sur des hommes; mais des hommes en question, je

déclare qu'il y en a peu; c'est-à-dire que, si, d'une part, j'admets qu'il en existe, d'autre part, je fais ressortir qu'il en manque. Et ce qui est expressément visé ici, c'est ce manque. Il s'ensuit que le mot *hommes* ne recouvre plus dans la pensée un objet senti présent, mais un objet senti absent, en sorte que sa valeur n'est plus celle d'une actualité que la pensée a atteinte, mais d'une actualité qui lui fait défaut, qui se dérobe à elle, qu'elle n'atteint pas. (1970, 41)

Ici encore, l'explication nous semble plus complexe que nécessaire. On pourrait sans doute, et sans perte de cohérence, utiliser une formulation analogue à celle que nous avons évoquée précédemment pour la pesée critique: toute comparaison comporte une référence à d'autres *possibilités*, qui, par nature, résident dans le champ du virtuel, ce qui fait de ce dernier le lieu privilégié de ce type d'opération, lieu dans lequel, une fois réduits au statut de virtualités, les procès actuels peuvent être pleinement évalués. Quoi qu'il en soit, il semble qu'on puisse simplifier en faisant appel ici encore au degré de probabilité du procès.

Partons d'un exemple. Soit l'événement suivant: *les enfants mangent leurs glaces avec des cuillères*. D'un point de vue purement théorique, il ne peut se réaliser que si certaines conditions sont remplies: il faut qu'il existe des enfants, des glaces, des cuillères. On peut poser que l'absence d'enfants, de glaces ou de cuillères empêcherait l'événement de se produire, ce qui lui donnerait une probabilité nulle. De même, s'il se trouve très peu d'enfants (ou de glaces, ou de cuillères) ou que leur existence soit de quelque manière problématique, la probabilité de l'événement s'en trouvera entamée. Et bien entendu, on peut extrapoler le raisonnement pour inclure d'autres paramètres (lieu de l'action, par exemple). En dépit de son caractère très schématique, ce modèle peut servir à rendre compte de l'emploi du mode dans les relatives: toute restriction pesant sur l'ensemble que définit la relative déterminative réduira la probabilité du procès et rendra possible le subjonctif. En pratique - et à titre de simplification, il faut bien le souligner - on peut ramener les emplois à trois cas:
- l'ensemble est vide: la restriction est exprimée par des expressions comme *personne, rien, pas/plus de, pas un seul, pas le moindre, aucun*.
- l'ensemble contient très peu d'éléments: la restriction est exprimée par des expressions du type *pas grand chose, peu, guère, pas beaucoup, à peine, tout juste, etc.* ainsi que les constructions à valeur superlative comme *le premier, le dernier, ... l'ixième; le seul, l'unique, le plus, le moins, etc.*
- l'ensemble est constitué essentiellement d'une ou plusieurs *possibilités* dont l'existence ne va pas de soi: c'est le cas lorsqu'il est l'objet d'une visée

exprimant une intention, un désir (*je veux/cherche X*), une nécessité (*il nous faut X*), une hypothèse (*supposons qu'il existe X*), une interrogation (*existe-t-il/peut-on imaginer X?*), etc.

Cette manière d'envisager les choses présente plusieurs avantages: elle demeure parfaitement compatible avec le cadre théorique guillaumien; elle permet de rendre compte de constructions disparates en fonction d'un principe unique; plus simple, elle se révèle beaucoup plus facile à exploiter pédagogiquement; enfin, elle s'accorde parfaitement avec le fait que le subjonctif n'apparaisse que dans les relatives déterminatives: l'antécédent et la relative ne faisant qu'un, puisqu'ils constituent l'ensemble défini, toute restriction pèsera non pas sur l'antécédent seul, ce qui serait le cas avec une relative descriptive, mais sur le groupe [antécédent + proposition relative], d'où son impact sur le mode du procès. Comparer: *les quelques rares voitures d'occasion qui soient en bon état sont déjà vendues*, où *quelques rares* porte sur *[voitures d'occasion qui soient en bon état]*, et *les quelques rares voitures d'occasion, qui sont d'ailleurs en bon état, sont déjà vendues*, où *quelques rares* porte uniquement sur *[voitures d'occasion]*.

On le sait, le niveau de langue est un facteur important dans la détermination du mode dans les relatives: plus la langue sera soutenue, plus le subjonctif sera fréquent et, bien entendu, il pourrait être totalement absent de ce type de construction dans un français très familier. Pour l'apprenant/e, on peut donc résumer l'ensemble des critères déterminant le mode dans les relatives en posant que le subjonctif ne sera en général utilisé que lorsque les trois conditions suivantes seront satisfaites (dans l'ordre indiqué): (1) la relative est déterminative, (2) le niveau de langue est (plutôt) soutenu, (3) la probabilité du procès est faible (ensemble vide, comprenant peu d'éléments ou constitué de simples possibilités).

Le principe général permet également de rendre compte des circonstancielles. Le propre de l'indicatif étant de situer dans le temps, on ne sera pas surpris de trouver fréquemment ce mode dans les subordonnées temporelles. Le subjonctif est restreint aux propositions introduites par des locutions conjonctives essentiellement anticipatives (*avant que, jusqu'à ce que, d'ici (à ce) que, le temps que*) qui placent *obligatoirement* le procès subordonné dans une position de postériotité et donc de virtualité par rapport à la principale. L'indicatif apparaît dans tous les autres cas. La seule exception étant *après que*, qui, à la suite d'une hypercorrection par analogie avec *avant que* et en dépit des recommandations des puristes, s'emploie rarement avec l'indicatif dans l'usage contemporain. Les locutions *jusqu'au moment où, avant le moment où, en attendant le moment où* sont certes anticipatives, mais il s'agit de relatives déterminatives qui ne seront au subjonctif que si une restriction pèse sur l'ensemble défini. Les grammaires ne fournissent souvent pas la raison de ce contraste (cf. Mansion, 1952; Ferrar, 1967, Martinet, 1979, 127; Byrne et Churchill, 1986, 354; etc.). Grevisse, se borne à indiquer que les constructions avec *où* marquent la réalité du fait (1986, 1657). Judge et Healey proposent une explication: après avoir mentionné que les locutions avec *que* régissent le subjonctif, alors que celles avec *où* régissent l'indicatif, ils déclarent: "This is because *où* can only refer to time if the latter is seen as taking place (be this in the present, past or future)." (1985, 148). Il existe cependant des contre-exemples en contexte restrictif: *le seul jour où ils puissent se rencontrer est mercredi.*

Il convient de pas perdre de vue que le repérage temporel peut situer les procès dans le passé, le présent ou le futur. Les formulations doivent tenir compte de ce fait et empêcher les confusions entre variation temporelle ou aspectuelle, d'une part, et variation modale, de l'autre. Des conjonctions comme *quand* et *lorsque*, par exemple, peuvent introduire un procès postérieur à celui de la principale (*il aura fini quand/lorsque vous arriverez*). Toutefois, ceci résulte d'un contraste aspectuel; ce ne sont pas par essence des conjonctions anticipatives; elles n'introduisent pas un événement *nécessairement* postérieur au procès de la principale. Certaines descriptions - comme celle de Judge et Healey (1985, 146) - gagneraient à être nuancées de ce point de vue. Pour des raisons analogues, l'explication suivante, tirée du manuel *Le français en faculté* (p.63), cadre mal avec un repérage temporel passé du type *hier, il est parti avant que vous arriviez*: "The conjunctions which signal the subjunctive introduce events which might happen but which do not necessarily happen"[8]

En ce qui concerne les causales, de par leur nature elles introduisent la cause actuelle d'un événement actuel, elles seront donc à l'indicatif. Le subjonctif est réservé aux seuls cas où une *possibilité* est rejetée en tant que cause (*non (pas) que*).[9] Le procès correspond alors à une situation qui est perçue comme étant en contradiction avec la réalité. Comparer: *j'ai grondé cet élève, non qu'il soit chahuteur, mais il m'avait agacé* et *j'ai grondé cet élève non parce qu'il a parlé, mais parce qu'il a parlé avec insolence*. Dans le premier cas, si l'on pose la question: *est-il chahuteur?*, la réponse est *non*; le procès introduit par *non que* est le contraire de la situation telle qu'elle est perçue; c'est une pure virtualité, envisagée comme cause possible et rejetée. À l'opposé, *non parce que* introduit un fait actuel (il *a* parlé), qui n'est pas en contradiction avec la réalité et sera doté de conséquences, néanmoins aucune d'entre elles n'est constituée par le procès évoqué dans la proposition principale (*je l'ai grondé*). Il convient de rejeter ici l'interprétation de L'Huillier et Thatcher qui, dans leur *Brochure-grammaire*, accompagnent la phrase *Je ne tiens pas à me battre, non que je sois poltron, mais cela ne résoudra pas cette dispute* des commentaires suivants:

> Le fait est actualisé mais il n'est pas accepté comme tel et le locuteur lui oppose un autre fait, transposant ainsi le procès dans un monde virtuel, celui de son interprétation. [...]

> Le locuteur reconnaît l'actualité d'un fait mais conteste son rapport logique avec un autre fait réel ou affirmé comme tel. Le procès est ainsi placé dans le virtuel. (p.8)

Il est manifeste que le locuteur, loin d'accepter la possibilité qu'il soit poltron, la rejette comme ne correspondant pas à la réalité.

Toutes les finales sont au subjonctif, compte tenu de la virtualité inhérente à la notion de but (procès nécessairement postérieur au procès de la principale et donc virtuel par rapport à lui; actualisation non garantie). Toutes les consécutives introduisant une conséquence actualisée sont à l'indicatif, puisqu'elles mettent en rapport un fait et sa conséquence actuelle. L'accent mis sur le plan sémantique facilite une fois de plus le choix du mode en permettant de résoudre les problèmes d'alternance après certaines locutions (*je laisse ouvert de sorte qu'il peut entrer* [conséquence]/*qu'il puisse entrer* [but]). A noter qu'il importe de distinguer le plus nettement possible la conséquence et le but, ce que les auteurs ne font pas toujours. Ainsi pour Mansion (1952, 208), *Parlez de sorte qu'on vous comprenne* figure parmi les exemples de conséquence, même chose pour *Peux-tu augmenter le volume de façon que nous entendions bien?* aux yeux de Martinet (1979, 126), sans doute parce qu'il est possible d'y voir une conséquence *souhaitée*. La nuance finale étant particulièrement sensible, il paraît souhaitable de maintenir de telles constructions dans la catégorie des circonstancielles de but aisément identifiable par l'apprenant/e et modalement homogène. Les consécutives introduites par des locutions contenant *pour que* (*(pas) trop/assez/suffisamment ... pour que*) prennent le subjonctif. En effet, le propre de ces constructions est d'exprimer si les conditions nécessaires à la réalisation du procès subordonné sont satisfaites ou non. Dans l'affirmative, celui-ci constitue donc une *possibilité* (comparer: *il fait assez beau pour que*

vous sortiez [procès possible] et *il fait si beau qu'ils sont sortis* [procès actuel]).
Dans la négative, il représente une *impossibilité* (*il fait trop chaud pour qu'elle sorte*). Dans un cas comme dans l'autre, l'inactualité du procès cadre parfaitement avec la valeur du subjonctif. Quant à la construction *si ... que* là où la principale est à la forme négative (type *ce n'est pas si difficile qu'il faille faire appel à un spécialiste*), elle introduit, elle aussi, un procès dont les conditions d'actualisation ne sont pas remplies, d'où le subjonctif.

Les circonstancielles de manière, introduites par des conjonctions ou locutions du type *comme, ainsi que, de même que*, sont à l'indicatif puisque ces constructions mettent en parallèle deux procès actuels. Il en est de même pour *à mesure que, au fur et à mesure que*, qui, sémantiquement, sont à la limite des notions de manière et de temps. Naturellement, *sans que*, qui introduit un événement non actualisé (*je lui ai pris sans qu'il s'en aperçoive*), nécessite le subjonctif. Tout comme précédemment pour la locution *non que*, on constate que L'Huillier et Thatcher font un contresens sur la valeur sémantique de *sans que*, qu'elles interprètent comme introduisant un événement actuel virtualisé. Les exemples qu'elles citent (*La révolution a été accomplie sans qu'une goutte de sang ait été versée* (p.8); *Le voleur a pénétré dans l'appartement sans que le gardien l'ait aperçu et que le chien ait aboyé* (p.15), *Mon ouvrage m'a glissé des mains sans que je m'en aperçoive* (pp.12, 14)) ne laissent planer aucun doute sur le fait que les événements évoqués dans la subordonnée sont présentés comme n'ayant pas eu lieu.

Le mécanisme modal dans les concessives est fréquemment présenté sans explication ou accompagné de commentaires problématiques. Jusqu'à quel point peut-on suivre, par exemple, Judge et Healey (1985, 146) lorsqu'ils déclarent que la concession comporterait "an idea of judgment or criticism"? La critique est plutôt présente dans les contextes fournis (*"je viendrai le voir bien qu'il soit pénible/je viendrai le voir si pénible qu'il soit/je viendrai le voir quelque pénible qu'il soit"*, (id.)) que dans le rapport de concession lui-même (cf. *bien que les enfants aient grandi, leurs traits n'ont pas changé*). Quant à l'idée d'évaluation, elle n'est pas incompatible avec des locutions qui régissent l'indicatif (comparaison, opposition). Déclarer, comme le fait Martinet (1979, 126), "La concession est placée sur le plan de l'imaginé" n'éclaire pas la nature du mécanisme et s'avère propre à engendrer des erreurs, puisque le terme choisi pour caractériser la modalité suggère que le subjonctif est de rigueur avec les verbes d'opinion (*imaginer, supposer, considérer, etc.*), alors qu'en réalité des conditions bien spécifiques doivent être satisfaites pour déclencher son emploi avec de telles notions.

De fait, le propre de la concession est de souligner une contradiction existant entre deux événements dont on sait qu'ils sont réels telle que l'événement de la subordonnée n'entraîne pas les conséquences normalement attendues. Dans un énoncé comme *bien qu'il pleuve, je sors*, la réalité de la pluie ne fait pas de doute, cependant, tout se passe comme s'il ne pleuvait pas, d'où la virtualisation du procès par le biais du subjonctif. Malgré le fait que la présence du subjonctif dans les concessives ait été présentée au départ comme une critique possible d'une explication faisant du subjonctif le mode du virtuel (1986, 637), Arrivé et al. concèdent que le problème n'est qu'apparent et qu'une explication existe. A propos de l'énoncé *bien que Jeanne soit venue, je suis parti*, ils déclarent:

> [...] la relation concessive inverse la relation causale attendue. Dans la phrase citée, la venue de Jeanne aurait dû m'inciter à rester et non à partir. C'est ce décalage entre le procès effectivement observé et celui qui, attendu, a été un instant possible qui se trouve signifié par le subjonctif, au seul point de la phrase où il peut apparaître: le verbe de la subordonnée. (p.639)

Cette interprétation s'avère inacceptable là où elle s'écarte de sa source guillaumienne. Elle suggère en effet que c'est le procès de la principale qui devrait être au subjonctif, toutefois, ce mode étant syntaxiquement impossible dans ce type de proposition, on en serait réduit à l'utiliser dans la subordonnée. Or il n'en est rien: le procès dépourvu de conséquences attendues, et donc inactuel, n'est aucunement celui de la principale, lequel est actuel. Il s'agit bel et bien d'une virtualisation du procès subordonné. Toujours est-il que, si la concession est définie comme le fait Guillaume, il est possible de poser que toutes les constructions concessives entraînent le subjonctif (*bien que, quoique, encore que, malgré que, quelque ... que, pour ... que, etc.*). La seule qui soit compatible avec l'indicatif (*tout ... que*) est fréquemment suivie du subjonctif (voir Grevisse 1986, 1681), on peut donc se permettre une simplification à des fins pédagogiques, sans faire commettre de faute à l'apprenant/e[10].

La question du mode dans les concessives est fréquemment compliquée inutilement par l'inclusion de structures dites d'"opposition" qui en fait obéissent à une logique différente.[11] Ainsi, après avoir attiré l'attention sur le caractère problématique des typologies de propositions circonstancielles, Judge et Healey (1985, 362) avancent une classification, qui, selon nous est problématique, tant sur le plan sémantique des rapports logiques impliqués que celui de la syntaxe modale. Ces auteurs proposent en effet une catégorie

"Concession (+ opposition)", qui comprend *alors que, bien que, encore que, au lieu que, même si, quoique, tandis que, quand bien même, sans que*, et une catégorie "Opposition", qui inclut *quand, alors que, pendant que, tandis que, au lieu que, si bien que*. On voit mal l'avantage de ce chevauchement. Comme nous venons de le souligner, ce qui distingue la concession, c'est une contradiction dans laquelle les conséquences attendues du procès subordonné sont absentes. Les structures adversatives se contentent, pour leur part, de mettre en parallèle les deux procès. Il s'agit en fait de conjonctions ou locutions temporelles (*tandis que, alors que, pendant que, quand*) avec lesquelles la mise en rapport chronologique peut se doubler, par extension, d'une mise en rapport logique d'opposition. Cette différence se reflète fidèlement dans le mode (indicatif). Les seules exceptions semblent être *loin que* (qui introduit un procès inactuel), et *au lieu que*. Cette dernière locution, comme le montre Grevisse (1986, 1651), est suivie de l'indicatif lorsque le fait écarté est celui qu'exprime la principale, et du subjonctif, quand le fait écarté correspond au procès subordonné. Avec une valeur analogue à *alors que* ou *tandis que, au lieu que* requiert l'indicatif ("*Au lieu que le sage réfléchit avant d'agir, l'imprudent se jette aveuglément dans l'aventure*" (Girodet, 1981, 452)). Les autres locutions évoquées par Judge et Healey s'apparentent d'ailleurs à des notions telles que la conséquence (*si bien que*), la condition (*même si, quand bien même*), ou la manière (*sans que*).

La condition peut se concevoir, par nature, à une distance plus ou moins grande de l'actuel, d'où un ensemble complexe de modalités qui se reflètent dans le choix des modes et des temps. On peut néanmoins dégager des tendances. On le sait, la conjonction *si*, autrefois suivie du subjonctif, s'accompagne en français contemporain de l'indicatif, sauf dans des emplois très rares et littéraires où l'imparfait du subjonctif peut servir à exprimer un irréel du passé (*s'il fût venu, je l'aurais su*). Dans la construction *si … et que*, on peut utiliser soit l'indicatif soit le subjonctif après *que*. L'usage est fluctuant ici et les considérations stylistiques peuvent jouer un rôle important. Le subjonctif s'explique par le fait qu'il fournit le quantum hypothétique dans la deuxième proposition, en l'absence du *si*. Les propositions introduites par une locution contenant *que* (*à moins que, pour peu que, pourvu que, en admettant que, supposé que, à supposer que, soit que … soit/ou que, à/sous la condition que, moyennant que, (pour) autant que*) sont suivies du subjonctif, dans la mesure où le procès envisagé constitue une simple possibilité dont la réalisation n'est pas garantie. Les seules exceptions étant *selon que* et *suivant que* qui, plutôt qu'une supposition, expriment le fait que le procès de la principale a lieu en accord avec l'événement évoqué par la subordonnée. L'idée est que les choses se déroulent conformément à la réalité de la situation envisagée. Enfin, *quand bien même* et les constructions comprenant *où* (*dans la mesure où, au cas où, pour le cas où, dans l'hypothèse où*) s'emploient avec le conditionnel.

A titre de simplification pédagogique, il est possible de réduire à un tableau l'essentiel de l'information concernant les subordonnées:

SUBORDONNÉE	INDICATIF	SUBJONCTIF	REMARQUES
COMPLÉTIVE	Procès explicitement présenté comme probable ou certain	Autres cas	- Que ..., + subj. - il me/te ... semble que + indic. - il semble que + subj. - le fait que + subj. / indic.
RELATIVE	Autres cas	- Relative déterminative avec style (plutôt) soutenu et faible probabilité *	*: ensemble vide, constitué de peu d'éléments ou de simples possibilités
TEMPS	Autres cas	- locutions anticipatives * - après que	*: avant que, jusqu'à ce que, d'ici (à ce) que, le temps que
CAUSE	Autres cas	- non (pas) que	
BUT		Tous les cas	
CONSÉQUENCE	Autres cas	- locutions avec pour que* - pas si ... que	*: (pas) trop / assez / suffisamment ... pour que
MANIÈRE	Autres cas	- sans que	
CONCESSION		Tous les cas	
OPPOSITION	Autres cas	- loin que, au lieu que*	*: si fait écarté = procès subordonné
CONDITION	- (même) si - suivant que, selon que	Autres cas	conditionnel avec quand bien même et les locutions avec où

En ce qui concerne les indépendantes, le subjonctif n'apparaît que dans des emplois qu'il n'est pas nécessaire d'examiner ici, étant donné qu'ils sont extrêmement limités et surtout figés, ce qui signifie qu'ils ne posent pas le problème du choix modal pour l'apprenant/e. Nous renvoyons aux écrits de Guillaume ou de ceux qui s'en inspirent pour leur explication.

A la fois cohérent et élégant, le principe explicatif défendu ici est donc propre à satisfaire les exigences de l'enseignant/e et de l'apprenant/e, puisqu'il fournit un fil conducteur apte à rendre compte des différents types d'emplois. En outre, il permet d'éviter les impasses et les écueils recensés: le dénominateur commun supprime la lourdeur inhérente à la présentation-liste et renforce constamment l'image du mode que doit se construire l'apprenant/e; la valeur fondamentale attribuée n'est pas un simple signifié contextuel (type doute, crainte, etc.), une catégorie de tels signifiés (l'appréciation, l'émotion, etc.) ou une valeur insaisissable (mouvement de l'âme, énergie psychique); il élimine enfin les contradictions des démarches qui font du subjonctif le marqueur de la subordination, un modificateur de sens et de statut, ou encore privilégient la notion de "choix". Grâce à l'importance conférée au plan sémantique, il est possible de mieux dégager la logique et les tendances profondes de l'usage modal en fonction des catégories d'emploi, de rapprocher les phénomènes hétérogènes et d'intégrer les exceptions apparentes ou réelles. Le fait qu'il ait permis de suggérer diverses simplifications, en plus de celles qu'offre la formulation de Guillaume, confirme sa fécondité pédagogique et son potentiel opératoire en tant qu'outil de décision pour l'apprenant/e.

Références

Adamson, R. et al. (1980) *Le français en faculté. Cours de base*, Scottish Universities French Language Research Project, London, Hodder and Stoughton.

Arrivé, M., Gadet, F., Galmiche, M. (1986) *La grammaire d'aujourd'hui. Guide alphabétique de linguistique française*, Paris, Flammarion.

Batchelor, R.E. and Offord, M.H. (1993) *Using French. A Guide to Contemporary Usage*, Cambridge University Press.

Baylon, C. et Fabre, P. (1973) *Grammaire systématique de la langue française*, Paris, Nathan.

Birks, R., Press, M.-C., Rouxeville, A., Schonfelder, L. (s.d.) *Vidéogrammaire*, Grammar Initiative, Association for French Language Studies.

Byrne, L.S.R. and Churchill, E.L. (1986) *A comprehensive French Grammar*, 3rd edition, completely revised by G. Price, Oxford, Basil Blackwell.

Chevalier, J.-C., Blanche-Benveniste, C., Arrivé, M., Peytard, J. (1964) *Grammaire Larousse du français contemporain*, Paris, Larousse.

Colin, J.-P. (1984) *Dictionnaire des difficultés du français*, Paris, Les usuels du Robert.

Corless, F., Gaskell, R., Corless, H. (1987) *Signes du temps: aperçus*, London, Hodder and Stoughton.

Delatour, Y., Jennepin, D., Léon-Dufour, M., Mattlé, A., Teyssier, B. (1991) *Grammaire du français. Cours de civilisation française de la Sorbonne*, Paris, Hachette F.L.E..

Dubois, J., Lagane, R. (1973) *Nouvelle grammaire du français*, Paris, Larousse.

Ferrar, H. (1967) *A French Reference Grammar*, second edition, Oxford University Press.

Girodet, J. (1981) *Pièges et difficultés de la langue française*, Paris, Dictionnaire Bordas.

Gougenheim, G. (1938) *Système grammatical de la langue française*, Paris, Éditions d'Artey.

Grevisse, M. (1986) *Le bon usage*, 12e édition, refondue par A. Goosse, Paris-Louvain-la-Neuve, Duculot.

Grevisse, M. (1982) *Le français correct. Guide pratique*, 3e édition, Paris-Gembloux, Duculot.

Guillaume, G. (1970) *Temps et verbe. Théorie des aspects, des modes et des temps* suivi de *L'architectonique du temps dans les langues classiques*, Paris, Champion.

Guillaume, G. (1971) *Leçons de linguistique, 1948-1949. Série A. Structure sémiologique et structure psychique de la langue française I*, Québec, Presses de l'Université Laval; Paris, Klincksiek.

Guiraud, P. (1974) *La syntaxe du français*, 5e édition, Paris, Presses Universitaires de France.

Judge, A. and Healey, F.G. (1985) *A Reference Grammar of Modern French*, London, Edward Arnold.

King, A., Parke, T. (1984) *Cours de français contemporain. Niveau d'apprentissage*, Cambridge University Press.

L'Huillier, M. et Thatcher, N. (s.d.) *Brochure grammaire. Les emplois du subjonctif*, Grammar Initiative, Association for French Language Studies.

Mailhac, J.-P. (1987) "Le subjonctif: quel type de présentation adopter?", paper, AFLS conference; *French Syntax and Discourse: Theory and Applications*, Sheffield, 17-19 September.

Mailhac, J.-P. (1988) *Le temps opératif en psychomécanique du langage*, Paris-Genève, Champion-Slatkine.

Mansion, J.E. (1952) *A Grammar of Present-day French*, second edition, London, George G. Harrap & Co Ltd.

Marriott, T. and Ribière, M. (1990) *Help Yourself to French Grammar*, Harlow, Longman.

Martinet, A. (1979) *Grammaire fonctionnelle du français*, Paris, Crédif, Didier.

Mauger, G. (1968) *Grammaire pratique du français d'aujourd'hui*, Paris, Librairie Hachette.

Moignet, G. (1959) *Essai sur le mode subjonctif en latin postclassique et en ancien français*, Paris, Presses Universitaires de France.

Moore, S., Pugh, G.F., Antrobus A.L. (1979) *Au courant. Level One*, Harlow, Longman.

Nott, D. (1993) *Points de départ*, Hodder et Stoughton.

Robert, P. (1993) *Le nouveau Petit Robert, Dictionnaire alphabétique et analogique de la langue française*, Paris, Dictionnaire Le Robert.

Wagner, R.L. et Pinchon, J. (1962) *Grammaire du français classique et moderne*, Paris, Librairie Hachette.

Whitmarsh, W.F.H. (1960) *A New Simpler French Course*, London, Longmans.

Wilmet, M. (1972) *Gustave Guillaume et son école linguistique*, Paris-Bruxelles, Nathan-Labor.

(1990) *Bescherelle 3. La grammaire pour tous*, Paris, Hatier.

Notes

1. En dépit de sa brièveté, l'exposé de King et Parke contient de nombreuses erreurs et incohérences. Qu'on en juge par ces trois exemples: le subjonctif pourrait servir à exprimer la certitude (on l'utiliserait après *je suis sûr(e) que*, p.128); les emplois de l'indicatif après *je crois, je dis, je pense, j'espère que*, et du subjonctif après *crois-tu que* constitueraient des exceptions ("exceptions to normal usage" (id.)); quant au subjonctif après *je ne crois pas que*, il représente à la fois un cas d'application de règle ("simply a rule of language you have to follow") et l'une des "exceptions to normal usage" (id.)!

2. On retrouve le même problème manière plus ponctuelle chez divers auteurs comme, par exemple, Marriott et Ribière (1990, 100), qui déclarent que le subjonctif s'emploie après les verbes exprimant une opinion.

3. Cette question constitue le thème d'un article en préparation intitulé "Sens, choix et subjonctif".

4. Ce mode ne sera évoqué que pour les propositions circonstancielles de condition.

5. Mansion souligne cet aspect:
   [...] compare the two statements: 'I know that he is ill.' 'I am sorry that he is ill.' The former is merely a stronger affirmation of the statement: 'He is ill' but in the latter, the important statement is my expression of sorrow; that he is ill, is admitted, but **is not** the main affirmation. (1952, 202; voir également p.205)

6. On objectera que *vivement que* régit cependant le subjonctif. C'est sans doute parce que le souhait, par nature, ancre beaucoup plus nettement son objet dans le champ du virtuel qu'une pesée critique du type *heureusement que* ou même la notion de possible *(peut-être*

que), qui situe le procès au point de rencontre de l'actuel et du virtuel.

7. Parmi ceux qui le mentionnent, citons Dubois et Lagane (1973, 183), Martinet (1979, 126), Judge et Healey (1985, 142).

8. Cette explication soulève également des difficultés pour d'autres contextes, comme, par exemple, les concessives.

9. Le même principe s'appliquerait à *ce n'est pas que*.

10. La présence de l'indicatif dans un tour concessif n'a rien en soi de surprenant quand on songe que, par nature, la concession souligne une contradiction entre deux faits actuels. Il est tout aussi cohérent de mettre l'accent sur leur actualité que sur l'inactualité du fait dépourvu de conséquences attendues.

11. D'une façon générale, on constate des divergences sensibles sur la notion d'opposition d'une grammaire à l'autre.

Effet de l'intensité de l'instruction formelle sur l'interlangue orale française de locuteurs néerlandophones

Jean-Marc Dewaele, Birkbeck College, University of London

1. Introduction

Dans la présente contribution nous nous proposons d'analyser l'effet de l'intensité de l'instruction formelle sur la grammaire interlangagière de 27 étudiants néerlandophones. Ces étudiants suivaient des cours de français avancé à la Vrije Universiteit Brussel, leur premier cours de français depuis la fin de l'école secondaire.

L'intensité de leur apprentissage du français à l'école secondaire dépendait du choix de la deuxième langue vers l'âge de 12 ans. Alors qu'en Flandre une large majorité d'écoliers opte pour le français comme seconde langue, un nombre croissant d'élèves choisit l'anglais comme deuxième langue. Nos sujets avaient eu en moyenne 5 heures hebdomadaires de deuxième langue et 3 heures hebdomadaires de troisième langue dans le secondaire. La plupart des sujets avaient déjà appris les fondements de la grammaire française à l'école primaire.

Notre hypothèse de départ est que l'interlangue française des locuteurs ayant choisi le français comme L2 est plus développée que celle des apprenants pour qui le français est une L3. Une question se pose cependant: les différences en compétence des locuteurs français L3 et L2 sont-elles aussi significatives dans *tous* les domaines de la grammaire ?

La réponse à cette question implique l'identification des zones dans la grammaire qui bénéficient le plus de l'enseignement formel du français. Le résultat de la présente analyse aura donc des implications didactiques pour tous les enseignants de français.

2. Méthodologie

2.1. Les sujets

27 locuteurs, 8 jeunes filles et 19 jeunes gens, ont participé à cette étude transversale. Ce sont des étudiants néerlandophones, âgés de 18 à 21 ans, inscrits à la faculté d'économie et de sciences politiques à Vrije Universiteit Brussel en 1988. Les sujets ont rempli un questionnaire socio-biographique qui avait pour but de déterminer la fréquence et le type de contacts avec la langue cible (lecture, télévision, radio, personnes francophones), l'attitude envers la langue française et la communauté francophone, la langue parlée en famille (néerlandais standard ou variantes dialectales), le type de motivation (intégrative ou instrumentale), le milieu social déterminé à l'aide du niveau d'éducation des deux parents et leur connaissance du français, le choix à l'école secondaire du français comme L2 ou L3. Il est apparu que pour 21 locuteurs le français est la L2, pour les 6 autres le français est la L3. Cette proportion reflète la moyenne en Flandre.

Le groupe de 6 locuteurs français L3 était composé uniquement d'hommes, venant de milieux sociaux différents. La taille de cet échantillon est modeste, nous y reviendrons au point 2.3.

Nous avons constaté que le comportement linguistique des 6 locuteurs français L3 à Bruxelles ne se distinguait pas significativement de celui de leurs 21 collègues pour qui le français est la L2. Nos 27 locuteurs faisaient partie de l'échantillon de 120 étudiants flamands interrogés par Baetens Beardsmore dans le cadre de son enquête sur l'emploi du français dans la minorité néerlandophone à Bruxelles (Baetens Beardsmore, 1988). Il ressortait de cette enquête que les étudiants flamands témoignaient d'une ouverture relativement grande au français (Baetens Beardsmore, 1988, 59).

2.2. Les interviews

Les sujets ont été interviewés par le chercheur locuteur natif dans deux situations linguistiques différentes.

Nous avons organisé ainsi une première série d'interviews dont l'objectif était d'enregistrer les locuteurs dans leur style - relativement - vernaculaire. Le chercheur expliquait au départ qu'il s'agirait d'une conversation amicale mettant l'accent sur le contenu plutôt que sur la forme. Afin de renforcer le caractère informel de la discussion le chercheur faisait appel à tous les moyens non-verbaux pouvant contribuer à créer une ambiance décontractée. Il ne corrigeait pas d'éventuelles erreurs pour préserver la "face positive" des locuteurs (cf. Bange, 1992, 67) et ne fournirait la traduction de mots néerlandais qu'après demande explicite afin de ne rompre ni la spontanéité ni la cohésion du discours. Il n'y aurait aucune limite de temps. Les rires fréquents et quelques répliques en néerlandais témoignaient d'une ambiance informelle. L'on peut donc présumer avoir enregistré le discours le plus spontané possible et le moins influencé par la présence de l'observateur. L'interview était semi-guidée, c'est-à-dire qu'à chacun/e furent posées des questions similaires sur les études, les loisirs, les idéaux, les convictions politiques et religieuses etc. Le matériel ainsi recueilli sur cassette audio répond donc aux conditions d'authenticité posées par Reboullet, 1979:

> pour être authentique, il faut que le discours remplisse une fonction de communication et de transfert d'information (Reboullet, 1979, 15).

Ces interviews durèrent d'une demi-heure à une heure et 27 locuteurs y participèrent.

La deuxième série d'interviews eut lieu deux semaines après la première série. Leur but était d'enregistrer un style narratif plus soutenu. Les étudiants avaient été priés de préparer, pour "l'examen oral", une série d'articles de presse concernant des sujets d'actualité. Comme pour les premières interviews il fallait donc communiquer des faits, des situations, des idées, mais la présence du crayon du chercheur et le papier sur lequel les erreurs étaient notées, contribuaient à donner un aspect formel aux entretiens. L'intervention du chercheur se bornait à de brèves questions dans le but de provoquer un discours cohérent. Les rires et les répliques en néerlandais étaient absents dans ces interviews. Nous supposons donc avoir enregistré un discours narratif plus soutenu dans lequel le locuteur prête davantage attention à la forme, sans pour autant perdre de vue l'aspect communicatif de l'interview. Ces interviews durèrent de dix à vingt minutes et 27 locuteurs y participèrent.

Les interviews furent immédiatement transcrites en français orthographique comme le conseillent Blanche-Benveniste & Jeanjean, 1986, 135. Les problèmes d'interprétation des données enregistrées étaient relativement peu importants. D'abord parce qu'il s'agissait d'une interlangue avancée et ensuite parce que dans notre cas, l'interlangue n'était pas: "un système inconnu du chercheur comme serait pour lui une langue naturelle inconnue" (Porquier, 1986, 104).

Étant bilingue, nous pouvions prétendre avoir une meilleure intuition dans le domaine de l'interlangue qu'un francophone unilingue. Il nous était ainsi plus aisé de "décider du sens d'une production" (Trévise & Porquier, 1985, 22).

Après la transcription un code fut attribué à chaque mot indiquant sa nature grammaticale. Un code supplémentaire fut attribué aux mots déviants. Le logiciel permit alors de traiter l'ensemble de mots et de codes. Le corpus compte environ 15 heures de conversation avec le chercheur, ce qui représente 51 103 mots d'apprenants.

2.3. Traitement des données

La présente étude est extraite d'un projet de recherche plus important qui avait pour objet d'analyser la variation synchronique dans l'interlangue française. La variable "durée de l'instruction" est apparue comme un des facteurs pouvant déterminer la variation dans l'interlangue de nos apprenants. Le fait que la variable "durée" ne constituait pas l'objectif premier du projet de recherche explique le déséquilibre dans la constitution de notre échantillon (6 locuteurs français L3/21 locuteurs français L2). Cela ne signifie pas que nos résultats soient statistiquement non-significatifs mais il est évident que ceux-ci doivent être interprétés avec prudence. Toute moyenne que nous présenterons sera accompagnée de son écart type (E.T.), ce qui permet de juger la dispersion des résultats autour de la moyenne. Nous avons utilisé le "Chi^2" lorsqu'il s'agissait de déterminer si au maximum deux séries de scores d'un sujet ou d'un groupe différaient de façon significative. Le principe du Chi^2 est de comparer des observations à un modèle théorique, construit en fonction d'une hypothèse sur la distribution de ces observations. Le Chi^2 est un indice exprimant l'écart entre les valeurs observées et les valeurs prévues par le modèle. L'indice devient de plus en plus significatif à mesure que les valeurs observées s'écartent des valeurs attendues. Nous avons fait appel aux analyses de variance (ANOVA) pour tester la probabilité des différences entre des moyennes de variables dépendantes. On estime l'influence des variables indépendantes, qualifiées aussi "facteurs", qu'on peut manipuler ou contrôler (dans le cas présent la durée de l'instruction formelle) sur les variables dépendantes. L'analyse de la variance se fait en distinguant, dans la variance totale, celle qui est due au hasard et celle qui découle de la variation entre les moyennes. Cette dernière variance est alors testée au niveau de la probabilité. S'il s'avère que la différence est significative, nous sommes en état de rejeter l'hypothèse zéro consistant à dire qu'il n'existe aucune différence, ou une différence aléatoire entre les moyennes, et nous acceptons l'hypothèse alternative qui pose que les moyennes sont réellement différentes. Pour l'analyse de la variance on utilise la quantité F. Il s'agit d'un rapport entre deux estimations appelées "carrés moyens": le carré moyen effet (désormais "CM") qui mesure la variance due à la variation entre les groupes et le carré moyen erreur (désormais "CME") qui estime la variance résultant de la variation à l'intérieur des groupes. Si le numérateur et le dénominateur de F ne sont affectés que par des sources de variation fortuites, la valeur de F est 1. La valeur "p", finalement, présente la probabilité que la variation observée est aléatoire. Nous adoptons le seuil de probabilité de 5 % ($p = 0,05$), c'est-à-dire nous estimons qu'un écart est significatif si $p < 0,05$. Nous parlerons de "tendance" si $p > 0,05$ et $p < 0,010$.

3. Analyse

3.1. Fluidité du discours

La qualité du discours oral des 6 locuteurs français L3 est-elle comparable à celle des 21 locuteurs français L2 ? Cette comparaison devrait nous permettre d'obtenir des données nouvelles concernant l'effet de la durée de l'instruction sur le stockage et la capacité d'activation de l'information procédurale et déclarative de l'interlangue (cf. Levelt, 1989, 9-10). Towell & Hawkins, 1994, qui se basent sur le modèle de Levelt (cf. infra), soulignent la nécessité de telles études:

> Comparisons between different learners would help us establish an awareness of the degrees of difference in individual processing characteristics (Towell & Hawkins, 1994, 264).

Dans deux études séparées nous avons calculé le débit du discours (Dewaele, 1995a) et les phénomènes d'hésitation (à paraître).

Une analyse de variance nous permet de constater que les 6 locuteurs français L3 tendent à produire un discours plus lent. La différence est plus prononcée dans le style informel que dans le style formel. Le débit moyen des locuteurs français L3 dans le style informel est de 83,0 mots/minute (E.T.=6,2) contre 128,1 mots/minute (E.T.=35,7) pour les 21 locuteurs français L2. Cette différence frôle le seuil de la signifiance: (CM=3888; CME=1040; f=3,73; p=0,064). L'on constatera la forte différence entre l'écart type des valeurs des locuteurs L3 et L2. Les variations individuelles sont beaucoup plus importantes dans le groupe des locuteurs L2 où les valeurs varient entre 61 et 195 mots/minute alors que dans le groupe français L3 les valeurs oscillent entre 78 et 90 mots/minute.

L'écart entre les locuteurs français L2 et français L3 se réduit dans le style formel où les locuteurs français L2 produisent en moyenne 109,3 mots/minute (E.T.=29,9) contre 91,0 mots/minute (E.T.=12,8) pour les locuteurs français L3. La différence n'est plus significative (CM=1745; CME=711; f=2,45; p=0,129) à cause de 3 locuteurs L2 au débit très lent. Dans le style formel les valeurs varient entre 64 et 167 mots/minute pour les locuteurs français L2 alors que dans le groupe français L3 les valeurs se situent entre 78 et 102 mots/minute.

Les recherches dans le domaine des phénomènes d'hésitation sont assez récentes. Les années 80 ont cependant vu la publication de quelques travaux sur le sujet (cf. Temple, 1985; Temple & Roubaud, 1988). Ces recherches ont démontré que les pauses et les phénomènes d'hésitation tendent à être plus fréquents dans l'interlangue que dans la langue maternelle. McLaughlin, 1987 développe une théorie expliquant ce phénomène. Il propose une distinction entre deux types de processus fondamentaux. D'un côté il y a les processus automatisés qui se font sans l'attention active du locuteur, de l'autre les processus contrôlés où le locuteur concentre toute son attention sur l'encodage du message verbal. Le locuteur natif possède beaucoup plus d'automatismes linguistiques que le locuteur non-natif, ce qui expliquerait le nombre supérieur d'hésitations et par conséquent le débit plus lent du discours de ce dernier. Anderson et Raupach ont développé une théorie très similaire. Selon eux les apprenants au débit plus lent se trouveraient encore dans ce qu'ils appellent le stade cognitif: "the interpretive application of declarative knowledge" (Raupach, 1987, 129). Towell & Hawkins, 1994 estiment que les apprenants plus avancés attachent moins d'attention à la mise en forme de l'énoncé (les processus de formulation et d'articulation étant largement automatisés) et se concentrent davantage sur la conception du message. Il faut souligner cependant que d'autres facteurs, comme le degré d'extraversion des locuteurs semblent également liés à la fluidité du discours (cf. Dewaele, 1995a). Les pauses remplies qui ralentissent le discours d'un apprenant seraient par conséquent des marques d'activité cognitive et de production non-automatique. Dans notre étude sur les phénomènes d'hésitation (à paraître) nous avons constaté que la fréquence des pauses vides est inversement proportionnelle à la fréquence des pauses remplies. Les pauses silencieuses traduisent une intention phatique et ne servent pas de stratégie pour gagner du temps. Nous avons également constaté que les locuteurs qui parlent plus rapidement et utilisent moins de pauses remplies produisent un discours beaucoup plus informel, cèst-à-dire plus déictique et plus économique du point de vue cognitif (cf. Dewaele, 1995b).

Nous avons relevé 1 326 pauses remplies ("euh") dans nos deux styles d'interlangue orale. Leur proportion dans le nombre total d'occurrences a été calculée, c'est-à-dire en pourcentage du lexique actualisé. Il est apparu que les locuteurs français L3 produisent davantage de pauses remplies dans leur discours. La différence est significative dans le style informel où nous avons répertorié 629 pauses remplies, ce qui représente un moyenne de 1,8% (E.T.=1,7) de l'ensemble des mots des 21 locuteurs français L2, contre 289 pauses remplies, cèst-à-dire 3,8% (E.T.=1,7) des mots produits par les 6 locuteurs français L3 (CM=13,1; CME=2,8; f=4,55, p=0,042). L'écart entre les deux groupes s'amenuise dans le style formel où les 21 locuteurs français L2 produisent 467 pauses remplies, ce qui représente 3,5% (E.T.=3,4) de lènsemble des mots produits, contre 157 pauses remplies (6%, E.T.=3,1) pour les 6 locuteurs français L3 (CM=30,6; CME=8,9; f=3,41; p=0,076). (1)

Le débit et les pauses remplies sont deux variables linguistiques qui semblent déterminer le jugement de locuteurs natifs de français à qui on avait demandé d'évaluer un extrait de discours interprété (néerlandais-français) de nos 27 locuteurs (Dewaele, 1994a). Les textes étaient des articles de presse d'environ 350 mots extraits du quotidien flamand "De Standaard". Les interprétations des sujets furent cotées par le professeur. Les enregistrements des interprétations furent ensuite soumis au jugement de deux autres locuteurs natifs du français qui n'étaient pas des professeurs de langue. Ces locuteurs natifs ne disposaient pas de l'article en néerlandais. Nous leur avions demandé d'opérer un classement des différents extraits suivant la qualité du français. Après quelques écoutes, ces locuteurs natifs cotèrent les 27 interprétations. Une analyse de corrélation Pearson révéla une relation hautement significative entre les notes du professeur et les deux juges-locuteurs natifs (r=0,95, p<0,001 et r=0,93, p<0,001). La moyenne des trois notes fut alors calculée pour chaque sujet et corrélée avec un certain nombre de variables linguistiques. Il est apparu que les 6 locuteurs pour qui le français est la L3 obtenaient des scores moyens beaucoup plus bas (moyenne= 11/20; E.T.=1,1) que ceux des locuteurs français L2 (moyenne= 13,4/20; E.T.=2,5). Cette différence s'est avérée significative (CM=25,6; CME=5,3; f=4,79; p=0,038). La conclusion de l'étude était que le jugement des locuteurs natifs est davantage affecté par la fluidité du discours que par sa richesse lexicale ou sa complexité syntaxique. Le jugement des locuteurs natifs était également lié aux taux d'exactitude de certaines catégories grammaticales comme les articles et les prépositions. Il est donc prévisible que nos locuteurs français L3 commettent davantage d'erreurs dans ces deux catégories.

3.2. Les erreurs morpholexicales

Nous avons proposé une analyse détaillée de la variation interstylistique et interindividuelle de 3 141 erreurs morpholexicales dans une partie de notre corpus d'interlangue orale française dans Dewaele, 1994b. Il est apparu que la formalité de la situation entraîne une augmentation significative du nombre d'erreurs morpholexicales. Nous avons calculé les taux d'exactitude pour les différentes classes grammaticales en soustrayant du nombre total des occurrences les mots incorrects ou absents dans un contexte obligatoire et en considérant la proportion d'occurrences correctes. Notre attitude a été relativement peu normative, en ce sens que les tournures "populaires" entendues en français n'ont pas été considérées comme des erreurs. Elles reflètent ce que B. Muller appelle la "norme statistique" ou la "norme d'usage" dans une situation donnée (cf. Muller, 1985, 271). Toute décision sur ce qui constituait une erreur ou non s'est prise ad hoc en tenant compte du contexte. Nous avons, par exemple, considéré comme "fautive(s)" la violation de la règle du "si+imparfait" et l'utilisation de l'adverbe au lieu de l'adjectif. L'omission du "ne" devant le forclusif et les "belgicismes" (par ex. "septante") n'ont pas été relevés. Bien qu'il y ait toujours une part d'arbitraire dans le jugement d'une faute, nous avons veillé à demeurer conséquent dans l'identification des erreurs. Les erreurs morphologiques et lexicales ont été retenues, à l'exclusion des erreurs de syntaxe et d'ordre de mots. Au niveau morphologique nous avons établi le pourcentage d'applications correctes ("accuracy rate") de l'accord en genre et en nombre, le respect - suivant le contexte - de la concordance des temps et de l'aspect, des modes et de la personne. Au niveau lexical, nous avons recherché les mots superflus dans le contexte, les mots impropres au contexte, l'absence de mots obligatoires et les mots de l'interlangue prononcés à la française mais n'existant pas en français. L'usage des formes d'interlangue était donc confronté à la norme des locuteurs natifs français de Belgique. Dans la présente étude nous analyserons 3 496 erreurs morpholexicales dans le discours des 27 locuteurs dans le style oral informel et formel.

L'on ne sera guère surpris que la confrontation des taux d'exactitude morpholexicale moyens révèle que les 21 locuteurs français L2 commettent moins d'erreurs en général que leurs 6 collègues français L3. Dans le style informel 94,1% (E.T.=2,5) des mots produits par les locuteurs français L2 étaient exacts tandis que les locuteurs français L3 n'atteignaient qu'un taux d'exactitude de 89.9% (E.T.=1,5). Cette différence est significative (CM=82,8; CME=5,9; f=13,83, p=0,001). Malgré un léger recul général des taux, le même écart existe entre les deux groupes dans le style formel où les 21 locuteurs français L2 obtiennent un taux d'exactitude moyen de 92,3% (E.T.=3,3) contre 88,3% (E.T.=2,9) pour les 6 locuteurs français L3. Cette différence demeure significative (CM=75,5; CME=10,5 f=7,19, p=0,012).

On trouvera ci-dessous quelques exemples d'erreurs fréquentes.

A. Prépositions

Bart (informel) 1239. Parfois parce qu'il, elle elle est à Anvers et moi je suis *en* Bruxelles mais *à* l'autre côté c'est aussi que j'étude qu'il est important que elle.

Dans le premier exemple Bart utilise, à l'intérieur d'un même énoncé, d'abord la préposition correcte devant un nom de ville "*à* Anvers" et se trompe quatre mots plus loin dans un contexte identique: "*en* Bruxelles". C'est un exemple de ce que Ellis, 1985 appelle la variation libre ("free variation") qui indique que la règle grammaticale de la langue cible n'est pas encore entièrement fixée dans l'interlangue de l'apprenant. L'on ne peut ignorer dans ces exemples l'influence du néerlandais (L1) et de l'anglais (L2). La préposition utilisée devant un nom de ville est "in" en néerlandais comme en anglais. La préposition déviante dans la langue cible pourrait donc résulter d'un double transfert. L'erreur ne peut sans doute pas être interprétée comme une fossilisation (cf. Selinker & Lakshamanan, 1992) étant donné qu'elle n'est pas stabilisée dans l'interlangue de l'apprenant. Bart commet ensuite une seconde erreur de préposition et d'article en disant "à l'autre côté" au lieu de "d'un autre côté". Ici aussi l'influence de la structure L1 semble transparaître puisque l'expression équivalente en néerlandais est "*aan de andere kant*". Cette partie d'énoncé pourrait être un exemple de translitération. L'apprenant est donc capable de produire sans hésitation une structure provenant apparemment de sa L1. Towell & Hawkins, 1994 remarquent à ce propos:

> It would seem that the L1 is never very far below the surface of language production and that there is a switching mechanism which allows access to it. (Towell & Hawkins, 1994, 263).

B. Articles

> Johan (formel) 25. Par exemple le Mexique, le Colombie, le Norvège, ø Grande Bretagne, et d'autres.

L'omission de l'article défini devant un nom de pays est une des erreurs récurrentes dans l'interlangue française de locuteurs néerlandophones. Dans le cas de Johan, qui est un des locuteurs dont l'anglais est la L2, l'absence d'article devant "Grande Bretagne" reflète la structure de sa L1 et de sa L2. Il s'agit peut-être de nouveau d'un double transfert. Soulignons cependant la variation libre dans l'application de la règle à l'intérieur de l'énoncé: l'article défini est placé comme il le faut devant les trois noms de pays qui précèdent "ø Grande Bretagne" et puis tout à coup le locuteur omet l'article. Il nous semble difficile de trouver la cause spécifique de l'erreur. L'ignorance du genre des pays ("*le* Colombie, *le* Norvège") explique le grand nombre d'erreurs dans le choix de la préposition devant le nom du pays.

C. Verbes

> Peter (informel) 110. Nous *était* deux qui *suivi* de l'anglais, et l'autre groupe *suivi* le français et ils avaient un professeur et elle était belle.

Nous verrons dans le tableau 2 que les erreurs de personne et mode dans les formes verbales sont plus fréquentes que les erreurs de temps/aspect. Les erreurs de personne sont le plus souvent des généralisations de la troisième personne du singulier à l'ensemble de la conjugaison (53 cas sur 55 dans le style informel). Ce phénomène dans l'interlangue française fait l'objet d'une étude approfondie de I. Bartning dont nous reparlerons plus loin. La tournure "nous était deux" de Peter pourrait éventuellement s'expliquer par référence à la tournure en français populaire "nous on était" qui permet d'éviter le pluriel. L'erreur qui apparaît ensuite dans l'énoncé "qui suivi" pourrait s'interpréter comme une erreur de mode (participe passé au lieu d'un indicatif présent) ou comme une erreur de personne ("suivi" faisant fonction d'un imparfait de la troisième personne singulier relié à "était"). Cette dernière interprétation est renforcée par la dernière erreur dans l'énoncé ("l'autre groupe suivi") où "suivi" est clairement utilisé comme une troisième personne de l'imparfait. De tels exemples de bases verbales non fléchies sont fréquents dans les premières productions d'apprenants en français (cf. Véronique, à paraître). Il semblerait donc que des traces des premières phases du développement en français restent davantage "traîner" dans l'interlangue française des locuteurs français L3. Nous reparlerons de ce phénomène dans le point 3.3. du présent article.

Le tableau 1 présente le nombre total de mots produits par nos apprenants français L2 et français L3 dans les styles formel et informel répartis suivant leur nature grammaticale. Les taux d'exactitude pour chaque classe grammaticale sont présentés dans le tableau 2.

Tableau 1: Constitution du lexique des 21 locuteurs français L2 & des 6 locuteurs français L3 dans les styles formel et informel

Classes	L2 Formel N	L3 Formel N	L2 Informel N	L3 Informel N
Substantifs	2 462	519	3 207	1 108
Articles	1 850	402	2 485	857
Adjectifs	1 001	243	1 268	655
Pronoms	970	412	4 431	1 270
Verbes	2 620	573	4 620	1 355
Adverbes	1 454	230	4 320	988
Prépositions	1 168	290	1 608	544
Conjonctions	1 711	225	1 986	644
Autres*	728	224	1 981	690
TOTAL	13 964	3 118	25 910	8 111

* La classe "Autres" regroupe les interjections, les exclamations, les pauses remplies, les mots néerlandais et anglais.

Analysons à présent plus en détail comment les différences dans les taux d'exactitude morpholexicale se profilent à l'intérieur des catégories grammaticales de nos locuteurs. L'instruction formelle plus intense des locuteurs français L2 se reflète-t-elle dans des taux d'exactitude plus élevés pour chaque classe grammaticale ou y a-t-il des classes de mots qui bénéficient davantage que d'autres de l'enseignement de la grammaire ?

Tableau 2: Taux d'exactitude moyens (%) et Écarts Type (E.T.) pour chaque classe grammaticale des 21 locuteurs français L2 & des 6 locuteurs français L3 dans les styles formel et informel

Classes	L2 Formel		L3 Formel		L2 Informel		L3 Informel	
	%	E.T.	%	E.T.	%	E.T.	%	E.T.
Substantifs	96,5	2,7	94,2	4,2	96,2	2,0	94,6	2,2
Articles	87,3*	7,3	78,1*	11,6	86,2*	6,7	79,0*	4,8
Adjectifs	88,2	9,3	88,7	7,8	91,2	5,5	89,8	4,5
Pronoms	95,6	3,2	92,2	6,2	96,7	2,0	94,7	2,8
Verbes	88,8	6,4	86,6	8,4	91,1*	6,0	84,6*	7,5
Adverbes	97,3	2,4	94,6	4,5	97,4	2,7	95,1	1,5
Prépositions	89,0*	6,2	82,2*	9,6	87,9*	6,2	78,0*	10,5
Conjonctions	98,6	1,7	97,4	1,4	97,4	2,5	96,8	2,5

* Écart statistiquement significatif (p < 0,05)

Une analyse de variance (ANOVA) nous a permis de constater que les différences dans les taux d'exactitude morpholexicale des locuteurs français L2 et L3 dans le style formel étaient significatives pour les articles (CM = 399,2; CME = 70,6; f = 5,65, p = 0,025) et pour les prépositions (CM = 218,5; CME = 49,7; f = 4,39, p = 0,046). Les 6 locuteurs français L3 commettent donc beaucoup plus d'erreurs d'articles et de prépositions dans la situation formelle. Ils tendaient également à commettre plus d'erreurs de pronoms (p = 0,083) et d'adverbes (p = 0,058). Les différences entre les deux groupes de locuteurs sont plus marquées dans le style informel. Les 6 locuteurs français L3 commettent significativement plus d'erreurs de prépositions (CM = 451,5; CME = 53,4; f = 8,45; p = 0,007); d'articles (CM = 243,3; CME = 41,1; f = 5,91, p = 0,022) et de verbes (CM = 195,1; CME = 41,0; f = 4,75; p = 0,038). Les locuteurs français L3 tendaient en outre à commettre plus d'erreurs de pronoms (p = 0,058), d'adverbes (p = 0,068) et de substantifs (p = 0,090). La variation interstylistique est plutôt limitée: les locuteurs français L2 obtiennent dans le style formel des taux d'exactitude moins élevés pour les articles ($Chi^2 = 32,1$; degrés de liberté = 20; p = 0,042) et plus élevés pour les adjectifs ($Chi^2 = 56,8$; degrés de liberté = 20; p < 0,001); les locuteurs français L3 obtiennent dans le style formel des taux d'exactitude plus élevés pour les prépositions ($Chi^2 = 15,5$; degrés de liberté = 20; p = 0,008). La variation entre les deux styles n'est pas significative pour les autres classes grammaticales.

L'on pourrait se demander pourquoi les différences entre les deux groupes de locuteurs ne sont pas plus prononcées pour certaines classes grammaticales: l'instruction formelle n'affecterait-elle que superficiellement l'interlangue des apprenants? Avant de répondre à cette question il convient de rappeler ce qu'on entend par "interlangue" et par "erreur". L'interlangue est un système intermédiaire d'un locuteur non-natif (Selinker, 1972). C'est un système qui, entre autres sous l'effet de l'instruction formelle, se développe, s'enrichit, s'élargit, se rapproche de la langue cible. L'originalité de la théorie de Selinker, 1972 était de considérer le discours des apprenants de façon positive. L'interlangue est un système indépendant de la L1 et de la langue cible. Dans cette perspective l'erreur n'est plus qu'une des nombreuses variables linguistiques de l'interlangue. L'on ne peut pas déterminer le stade de développement de l'interlangue à l'aide de taux d'exactitude. Il est apparu de nos données qu'un apprenant avancé tendra à commettre moins d'erreurs mais cela n'est finalement qu'un épiphénomène. La fluidité plus limitée de nos locuteurs français L3 (cf. supra) et leur syntaxe plus simple (cf. infra) suggèrent que leurs interlangues sont globalement moins développées que celles des locuteurs français L2. L'on ne peut pas conclure qu'un discours simple où 90% des mots sont corrects est équivalent à un discours plus complexe ayant le même taux d'exactitude. Nous pensons que l'instruction formelle joue un rôle de moteur dans le développement de l'interlangue. L'élève apprend à manier un discours de plus en plus complexe en s'efforçant de commettre un minimum d'erreurs.

Il est intéressant de constater que les différences significatives entre les taux d'exactitude de nos locuteurs français L2 et L3 sont les plus prononcées pour les articles et les prépositions, c'est-à-dire des morphèmes (comme les désinences verbales). Suivant le modèle de la production du discours de Levelt, 1989 et l'adaptation bilingue du modèle de K. de Bot, 1992, ces morphèmes n'existent pas en tant que vocables séparés dans le lexique mental et sont activés après les vocables dans la production de l'énoncé. Selon Levelt, 1989 le message préverbal qui quitte la première composante dans la production du discours, le conceptualisateur, atteint la deuxième composante, le formulateur qui traduit la structure conceptuelle du message en une structure linguistique. Cette transformation se fait en deux étapes. D'abord le message est codé grammaticalement. Les vocables nécessaires qui se trouvent dans le lexique mental en sont extraits lorsque leur sens correspond à celui du message préverbal. L'information morphosyntaxique spécifique liée au vocable active des procédures de construction syntaxique. Le résultat de l'encodage grammatical est une structure de surface: une chaîne de vocables groupés en propositions et sous-propositions. Cette structure intermédiaire est stockée dans une mémoire tampon ("Syntactic Buffer"). Une fois que la structure de surface est en place, l'information morpho-phonologique du vocable est activée et encodée. Le résultat du codage phonologique est vérifié une première fois à travers le système de compréhension du discours et le plan phonétique quitte alors le formulateur pour la troisième composante du modèle, l'articulateur (Levelt, 1989, 10).

Figure 1: Modèle de la production du discours (repris de Levelt, 1989, 9)

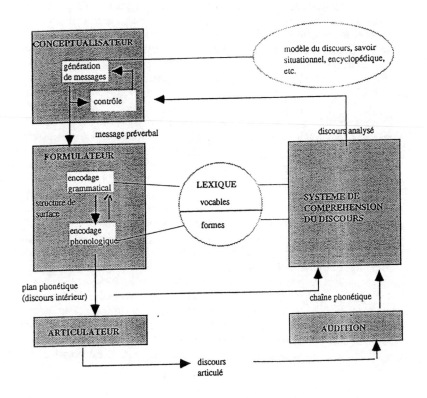

De Bot, 1992 et de Bot & Schreuder, 1993 adaptent le modèle de Levelt, 1989 pour expliquer l'alternance codique dans le discours parlé de bilingues. Selon de Bot, 1992 il faut considérer séparément les deux stades de développement du message au niveau du conceptualisateur. Le premier stade, celui de la macroplanification, serait indépendant de la langue utilisée tandis que le deuxième stade de l'élaboration du message préverbal, la microplanification, serait, lui, spécifiquement associé à une langue particulière (de Bot, 1992, 8). Les intentions communicatives se cristallisent donc en un message préverbal dans le conceptualisateur. Celui-ci contient des informations concernant la langue dans laquelle la partie de l'énoncé doit être produite. Ces informations activent un formulateur spécifique pour chaque langue. Le processus de transformation du message préverbal en plan d'énoncé serait identique pour la langue maternelle et la L2. De Bot postule que le locuteur dispose d'un lexique mental unique qui contient les éléments des différentes langues. Les relations entre les vocables de la L2 et leurs caractéristiques grammaticales ne sont pas identiques aux relations entre ces éléments dans la langue maternelle. Les vocables de la L2 peuvent être liés à diverses caractéristiques suivant les langues utilisées. Le lien entre l'information syntaxique et le sens du vocable peut en outre être assez lâche (de Bot, 1992, 21).

Il nous semble que dans le cas des locuteurs français L3 les vocables ne contiennent pas toute l'information morphologique et syntaxique nécessaire. On peut imaginer que si le vocable français nécessaire est présent mais ne contient pas toute l'information morphosyntaxique nécessaire, comme le genre, les prépositions à utiliser, les désinences, l'apprenant se trouve devant un dilemme: abandonner la recherche du vocable français qui correspond à la forme sémantique spécifiée dans le message préverbal et insérer un mot de sa L1 ou utiliser le mot qu'il est fier de connaître même s'il ignore l'information morphosyntaxique ? Un compromis acceptable pourrait être d'utiliser le mot français en activant l'information morphosyntaxique de sa L1 ou de sa L2 qui se trouvent dans le même endroit et en espérant que celle-ci correspondra à la forme de la langue cible.

La décision d'un locuteur devant un tel dilemme dépendra évidemment de la perception qu'il a de la situation dans laquelle il se trouve. Nous avons ainsi constaté que dans la situation des interviews informelles les locuteurs optaient plus volontiers pour l'alternance codique vers leur L1 lorsqu'ils se trouvaient devant une difficulté dans la production d'un énoncé français. Il est possible que dans cette situation décontractée les locuteurs se concentraient sur le contenu de leur discours, optaient pour la fluidité et jugeaient préférable de passer au néerlandais en cas de problème plutôt que d'interrompre leur discours pour trouver le mot approprié et les caractéristiques du vocable approprié. De Bot & Schreuder remarquent que dans certaines situations des mots venant de l'autre langue offrent une solution acceptable en cas de correspondance incomplète entre une forme sémantique et un vocable (de Bot & Schreuder, 1993, 201). Nos locuteurs savaient aussi qu'ils s'adressaient à un interlocuteur coopératif (cf. Grice, 1975), connaissant le néerlandais. Le passage au néerlandais découlerait dès lors d'une application stricte de la maxime de formulation de Grice:

Be perspicuous. Avoid obscurity of expression. Avoid ambiguity. Be brief (avoid unnecessary prolixity). Be orderly. (Grice, 1975, 46).

En produisant le mot de sa L1 le locuteur sait qu'il sera compris sans ambiguïté alors qu'une paraphrase éventuelle en français risque d'être obscure et pourrait entraver la communication optimale de ses pensées. Le locuteur pourrait recourir à des stratégies compensatoires de nature linguistique ou non-linguistiques pour contourner le problème mais cet effort supplémentaire est coûteux au niveau cognitif. Un apprenant doit constamment trouver l'équilibre entre les ressources qu'il mobilise pour la recherche lexicale et celles dont il a besoin pour produire un discours fluide. Nous avons découvert que la formalité de la situation affecte la répartition des ressources cognitives des locuteurs introvertis et extravertis. Il est apparu que les introvertis privilégient la recherche lexicale tandis que les extravertis optent plutôt pour la fluidité (cf. Dewaele, 1993; 1995a).

Les énoncés ou parties d'énoncé en néerlandais dans notre corpus sont le plus souvent précédés d'une pause vide ou remplie ("euh") et sont marqués par une intonation montante marquant une demande à l'aide à l'interlocuteur-professeur ou un commentaire métalinguistique.

Danny (informel) 1945. Je ne peux pas le dire en français, op vermogen en niet op inkomen.
Je ne peux pas le dire en français, (une taxe) sur la fortune et pas sur le revenu.
Anton (informel) 791. Euh je ne savrais, of hoe zeg je dat : Ik zou het niet weten !
Euh je ne savrais, ou comment on dit cela : Je ne le saurais pas !

Dans la situation formelle par contre, les locuteurs évitaient l'alternance codique et semblaient préférer des formes françaises, même déviantes. Ils devaient se rendre compte que l'interlocuteur était aussi un examinateur et, dans ce sens, moins "coopératif". Une éventuelle ambiguïté dans la formulation d'un énoncé français leur semblait peut-être préférable à un recours "flagrant" au néerlandais. Nous trouverons dans le point suivant des indications qui semblent confirmer notre hypothèse.

3.3. Distribution des types d'erreurs

Nous utiliserons à présent nos données pour voir s'il existe des différences significatives entre les locuteurs de français L2 et L3 dans la distribution des types d'erreurs. Il ne s'agit donc plus de comparer des valeurs absolues comme dans le cas des taux d'exactitude mais des valeurs relatives. L'on trouvera ci-après quelques exemples d'erreurs avec le nom (fictif) du locuteur, le style et le numéro de l'énoncé précédant chaque exemple. Nous traiterons les exemples de mots inexistants plus en détail, étant donné que c'est le seul type d'erreur où une claire distinction apparaît entre les locuteurs français L2 et L3.

a) erreur sémantique:
Yves (formel) 15. Et il demande à son ami *pour pour* l'aider.
b) erreur de nombre:
Stefaan (informel) 4. J'aime *le* mathématique mais ce n'est pas le même branche de Peter que j'ai fait.
c) erreur de genre:
Martine (informel) 4420. Et après euh j'étais réussie avec distinction ils étaient *jalouses.*
d) erreur de temps/aspect:
Ann (interview) 80. Oui je, mais avant je ne *sais* pas bien que c'est un monde euh décadent.
e) erreur de mode:
Anton (informel) 623. Oui mais maintenant je suis heureux que j'ai *choisir* sociologie.
f) erreur de personne:
Peter (informel) 110. Nous *était* deux qui *suivi* de l'anglais, et l'autre groupe *suivi* le français et ils avaient un professeur et elle était belle.
g) mot superflu:

Serge (formel) 7. Et il y *en* a déjà beaucoup de victimes dans la région.

h) mot absent :

Jan (informel) 4335. Des filles qui euh, ressemblent *ø* mon ours Teddy quoi.

i) mot inexistant:

Carl (formel) 7. Les socialistes ont gagné les élections et monsieur Mitterrand est *réélecté*.

La forme "réélecté" est intéressante mais il est impossible de savoir s'il s'agit d'un transfert de l'anglais (L2) ("re-elected"). L'influence de la L1 est à exclure puisqu'il n'y a aucune ressemblance entre "élection" et "verkiezingen" en néerlandais. La similitude du substantif français avec l'équivalent "election" anglais et le fait que le radical du verbe en anglais reflète le substantif peut être à l'origine d'une hypothèse interlangagière que la dérivation est identique en français. La forme "élect" pourrait également être une forme basique qui est formée sur le modèle de la première conjugaison. Bartning (à paraître) a trouvé de nombreux exemples de formes basiques dans son corpus d'interlangue française orale de six locuteurs suédois. Selon elle :

> On peut relier ces formes basiques morphologiques à un profil d'apprenant d'un *premier stade* selon notre matériau d'apprenants avancés. (Bartning, à paraître).

Cela indiquerait que nos locuteurs français L3 se trouvent généralement dans un stade de grammaticalisation acquisitionnelle (cf. Giacolone-Ramat, 1993) moins avancé que les locuteurs français L2. Les locuteurs français L3 sont encore davantage occupés à découvrir la structure grammaticale de leur L3 et apprennent à la maîtriser. Il s'agit selon Bartning d'une "sensibilisation morphologique et d'un mouvement vers la norme" (à paraître).

Danny (formel) 4. C'est-à-dire on a des problèmes *financiels* là-bas !

De nombreux locuteurs néerlandophones utilisent l'adjectif "financiel" dans leur interlangue française. Les formes correspondantes en néerlandais et en anglais sont quasi identiques au mot français, à l'exception du "l" final: "financieel" (néerl.) /"financial" (angl.). La production déviante pourrait être une forme fossilisée dans l'interlangue de Danny. Dans ce cas on aurait une bonne illustration de ce que Selinker & Lakshamanan, 1992 appellent le principe d'effets multiples: "Multiple Effects Principle" (MEP) :

When two or more SLA factors work in tandem, there is a greater chance of stabilization of interlanguage forms leading to possible fossilization (Selinker & Lakshamanan, 1992, 198).

Selinker & Lakshamanan estiment que le transfert est un des facteurs déterminants dans le principe d'effets multiples. Il existe une version faible et forte du MEP: le transfert serait un facteur "privilégié" dans la version faible et "nécessaire" dans la version forte du principe (Selinker & Lakshamanan, 1992, 198). Les auteurs ajoutent un corollaire pédagogique à leur MEP. Ils estiment que les structures fossilisées qui sont le résultat d'effets multiples ne peuvent pas être déstabilisées par des stratégies visant à accroître la conscience grammaticale de l'apprenant (Selinker & Lakshamanan, 1992, 199). Ils ne précisent cependant pas comment l'obstacle que représente le MEP peut être surmonté par l'apprenant.

Tableau 3: Nombre (N), Proportion moyenne (%) ** et Écart Type (E.T.) des types d'erreurs des 21 locuteurs français L2 & des 6 locuteurs français L3 dans les styles formel et informel

TYPE D'ERREUR	L2 formel			L3 formel			L2 informel			L3 informel		
	N	%	E.T.	N	%	E.T.	N	%	E.T.	N	%	E.T.
Err. sémantique	280	30,5	9,9	99	29,5	10,1	488	32,1	9,2	263	32,1	8,2
Err. de nombre	50	5,8	6,0	18	4,8	5,0	73	3,7	4,2	37	4,5	3,3
Err. de genre	199	19,6	12,7	55	17,7	5,9	231	14,3	7,1	128	17,9	6,3
Err. de temps	17	1,9	4,5	6	1,9	2,7	40	2,5	2,4	14	1,9	0,9
Err. de mode	76	9,2	7,3	31	7,2	10,1	138	8,4	5,5	68	9,5	5,0
Err. de personne	27	2,4	3,3	5	2,6	4,6	45	3,1	3,4	18	2,5	1,3
Mot superflu	104	10,9	6,4	22	6,3	5,8	123	11,0	6,9	53	6,6	1,8
Mot absent	104	11,4	7,8	42	16,4	7,4	214	16,7	6,7	134	16,8	2,0
Mot inexistant	73	8,1*	5,2	43	13,7*	5,5	113	8,2	6,0	65	8,2	3,0

* Écart statistiquement significatif (p < 0,05)
** Les moyennes de chaque type d'erreur sont calculées non pas à partir du total des valeurs absolues mais plutôt à partir des valeurs relatives, ce qui s'imposait vu la longueur inégale des discours. En considérant les valeurs relatives, on attribue à chaque discours le même poids dans le cadre de son sous-ensemble.

Il ressort des données présentées dans le tableau 3 que la différence dans les proportions de types d'erreurs morpholexicales n'est significative que dans un seul cas: les locuteurs français L3 utilisent significativement plus de mots inexistants en français que les locuteurs français L2 dans les interviews formelles

(CM=149,3; CME=28,2; f=5,27; p=0,030). Cette différence disparaît totalement dans les interviews informelles. L'on trouve donc davantage d'inventions lexicales dans le discours formel des 6 locuteurs français L3. Cette constatation semble confirmer l'hypothèse que nous avons présentée plus haut concernant le recours moins fréquent à l'alternance codique en cas de problème linguistique dans la situation formelle. Cette stratégie semble particulièrement défavoriser les locuteurs français L3. Privés de la possibilité de recourir au néerlandais pour sauvegarder la communication, ils produisent des mots approximatifs résultant de stratégies de généralisation ou de simplification de la langue cible et de transfert morphosyntaxique du néerlandais ou de l'anglais. Il ressort d'une étude en cours sur l'influence du transfert dans les inventions lexicales que nos locuteurs français L3 transfèrent plus d'information morphosyntaxique de l'anglais que leurs camarades français L2. Les inventions lexicales des locuteurs français L2 semblent découler davantage de stratégies intralinguales.

3.4. Coordination ou subordination?

Véronique, 1995 analyse le développement de la syntaxe dans l'interlangue française de 3 locuteurs adultes marocains. Il constate que le développement de la complexité syntaxique est identique pour ses 3 apprenants. Dans un premier stade les apprenants produisent un discours parataxique, les énoncés sont juxtaposés ou insérés. Peu à peu les apprenants commencent à utiliser un discours hypotaxique ou la coordination dénoncés semble précéder la subordination. Si ce trait est propre aux interlangues françaises nous devrions trouver une proportion dénoncés coordonnés plus élevée dans les interlangues moins développées des locuteurs français L3.

Il ressort de nos données (voir tableau 4) que les 6 locuteurs français L3 optent en effet davantage pour la coordination dénoncés alors que les 21 locuteurs français L2 produisent un discours qui est syntaxiquement plus complexe. Nous nous basons sur la proportion variable d'occurrences de conjonctions de coordination et de subordination dans le lexique de nos apprenants.

Tableau 4: Proportion moyenne (X) et écart type (E.T.) des occurrences de conjonctions de coordination (CC) et de subordination (CS) dans l'ensemble des mots des styles formel et informel des 21 locuteurs français L2 des 6 locuteurs français L3

L2/L3	CC Formel		CS Formel		CC Informel		CS Informel	
	X	E.T	X	E.T	X	E.T	X	E.T
L2	4,3%	0,7%	2,7%	0,8%	5,0 %	1,2%	2,8 %	0,8%
L3	5,2%	0.9%	1,8%	0,8%	6,4 %	0,8%	1,8 %	0,8%

On constate que dans le lexique des locuteurs français L3 la proportion de conjonctions de coordination est significativement plus élevée, tant dans le style formel (CM=3,429; CME=0,661; f=5,18; p=0,031), que dans le style informel (CM=9,865; CME=1,440; f=6,84; p=0,014). D'un autre côté les locuteurs français L3 utilisent significativement moins de conjonctions de subordination dans le style formel (CM=3,589; CME=0,733; f=4,89; p=0,036) et tendent également à en utiliser moins dans le style informel (CM=2,635; CME=0,0874; f=3.013; p=0,094).

Ce phénomène pourrait être la conséquence d'une stratégie plus ou moins consciente d'évitement ("avoidance strategy"). La production d'un discours syntaxiquement plus complexe exige un effort cognitif supérieur parce que le mode des verbes est variable dans les énoncés subordonnés. Dans les énoncés coordonnés par contre, les locuteurs ont la certitude que l'indicatif suffit.

Nous avons constaté que tous nos apprenants évitent l'usage du subjonctif. Les locuteurs français L3 n'utilisent aucun verbe au subjonctif tandis que dans les extraits des locuteurs français L2, les formes verbales au subjonctif représentent 0,4% de l'ensemble des occurrences de verbes. Une comparaison avec l'usage des locuteurs français s'impose ici. Gougenheim et al. 1967, 213 signalent qu'ils ont relevé 676 subjonctifs dans leur corpus de 312 135 mots. L'on peut déduire par interpolation que ce corpus compte 59 660 occurrences de verbes. Les formes au subjonctif représenteraient dès lors 1,1% des formes verbales dans le corpus du Français Fondamental, ce qui est presque 3 fois plus que la proportion de subjonctifs dans notre corpus d'interlangue française.

Des tests grammaticaux écrits nous ont permis de constater qu'en général nos apprenants connaissaient le subjonctif. Il semble donc que l'absence de subjonctifs dans le discours oral spontané résulte d'une stratégie d'évitement qui est également liée, pour les locuteurs français L3, au choix de produire des énoncés reliés par des conjonctions de coordination plutôt que de subordination.

4. Conclusion

L'analyse de la grammaire interlangagière d'apprenants ayant eu une instruction formelle plus intense, étant donné que le français était leur L2, et moins intense (les locuteurs français L3) a révélé un nombre de variations intéressantes qu'il faut cependant interpréter avec prudence étant la taille modeste de l'échantillon de locuteurs français L3.

Il n'est guère surprenant de constater que les locuteurs qui ont joui d'une instruction plus intense parlent généralement plus couramment, commettent moins d'erreurs morpholexicales et produisent un discours syntaxiquement plus complexe. La variation entre les deux groupes ne s'est cependant pas toujours avérée aussi prononcée que prévue. Nous avons tenté d'expliquer ce phénomène en expliquant que des taux d'exactitude qui demeurent inchangés pendant un certain temps peuvent masquer un progrès réel de l'interlangue et ne doivent pas décourager le professeur de langue.

Les différences sont apparues le plus clairement dans l'emploi des articles, des prépositions et, dans une moindre mesure, des verbes dans les deux situations d'interviews. Il semblerait donc qu'un manque d'instruction formelle affecte en premier lieu la morphosyntaxe de l'interlangue française. Rappelons que selon Levelt, 1989 et de Bot, 1992 l'information morphosyntaxique ne forme pas un système indépendant mais est stockée dans les vocables regroupés dans le lexique mental. L'implication didactique est que l'enseignement de la grammaire ne peut pas se limiter à une portion bien déterminée du cours de langue. Il faut faire de la lexico-grammaire. Le professeur doit présenter pour chaque (nouveau) vocable toute l'information morphosyntaxique nécessaire afin de permettre aux apprenants de construire des énoncés grammaticaux. L'information morphosyntaxique est le ciment qui doit unir les vocables. Nous entendons par là que l'étude du vocabulaire est inextricablement liée à l'étude de la grammaire. L'apprenant, par exemple, qui est confronté à un nouveau verbe doit noter immédiatement les formes fréquentes, les prépositions et adverbes qui l'accompagnent, l'auxiliaire qu'il lui faut au passé. Pour les apprenants plus avancés il serait sans aucun doute utile de proposer l'information pragmatique. Dans son étude sur l'interlangue anglaise Granger (à paraître) constate que les apprenants utilisent moins de phrases lexicales et de collocations que des locuteurs natifs. Celles utilisées par les apprenants reflètent en outre les combinaisons qui existent dans leur L1. Un apprenant doit donc continuer à rattacher des nouvelles informations morphosyntaxiques et pragmatiques aux vocables de son lexique mental pour progresser sur le long chemin des systèmes d'interlangue intermédiaires. Le rôle de l'instruction formelle est de lui présenter l'information qu'il/elle est capable de stocker à ce stade de développement de son interlangue et de stimuler son utilisation dans un contexte contrôlé (exercices de grammaire, de traduction) et dans un contexte plus libre (conversation, jeux de rôle). Les apprenants doivent avoir l'occasion d'automatiser les processus de formulation et d'articulation de leur interlangue en l'utilisant dans des situations diverses. Ceci leur permettrait non seulement de produire un discours plus fluide et plus correct mais ils pourraient également concentrer leurs ressources cognitives sur la conception du message. L'idéal de tout apprenant n'est-il finalement pas de pouvoir communiquer librement dans une langue étrangère comme s'il s'agissait de sa langue maternelle?

Références

Baetens Beardsmore, H. (1988) "L'emploi du français dans la minorité néerlandophone à Bruxelles", *Présence Francophone* 33, pp.49-60.

Bange, P. (1992) "A propos de la communication et de l'apprentissage en L2, notamment dans ses formes institutionnelles", *AILE* 1, pp.37-86.

Bartning, I. (à paraître) *Vers la structure: procédés de mise en grammaire dans l'acquisition de l'accord et de la morphologie verbale en français.*

Blanche Benveniste, C. & Jeanjean, C. (1986) *Le français parlé: transcription et édition*, Didier.

de Bot, K. (1992) "A Bilingual Production Model: Levelt's 'Speaking' Model Adapted", *Applied Linguistics* 13, 1, pp.1-24.

de Bot, K. & Schreuder, R. (1993) "Word Production and the Bilingual Lexicon", in: *The Bilingual Lexicon*, R. Schreuder & B. Weltens (eds.), John Benjamins, pp.191-214.

Dewaele, J.-M. (1993) "Extraversion et richesse lexicale dans deux styles d'interlangue française", *I.T.L. Review of Applied Linguistics* , 100, pp.87-105.

Dewaele, J.-M. (1994a) "Evaluation du texte interprété: sur quoi se basent les interlocuteurs natifs?", *META, numéro spécial "Traduction et interprétation dans la Belgique multilingue"*, 39, 1, pp.78-86.

Dewaele, J.-M. (1994b) "Variation synchronique des taux d'exactitude. Analyse de fréquence des erreurs morpholexicales dans trois styles d'interlangue française", *I.R.A.L., International Review of Applied Linguistics*, XXXIII, 4, pp.275-300.

Dewaele, J.-M. (1995a) "Le débit dans l'interlangue française: analyse de la variation interstylistique et interindividuelle", *Cahiers AFLS*, 1.2, pp.29-42.

Dewaele, J.-M. (1995b) "Style-shifting in oral interlanguage: Quantification and definition"; in: *The Current State of Interlanguage*, L. Eubank, L. Selinker & M. Sharwood Smith (eds.), John Benjamins, pp.231-238.

Dewaele, J.-M. (à paraître) "Les phénomènes d'hésitation dans l'interlangue française: analyse de la variation interstylistique et interindividuelle", *Rassegna Italiana da Linguistica Applicata*.

Ellis, R. (1985) *Understanding Second Language Acquisition*, Oxford University Press.

Giacalone-Ramat, A. (1993) "Sur quelques manifestations de la grammaticalisation dans l'acquisition de l'italien", *AILE*, 2, pp.173-200.

Gougenheim, G.; Rivenc, P.; Michea, R. & Sauvageot, A. (1967) *L'élaboration du français fondamental 1er degré. Etude sur l'établissement d'un vocabulaire et une grammaire de base*, Didier.

Granger, S. (à paraître) "Prefabricated Patterns in Avanced EFL Writing: Collacations and Lexical Phrases", in: *Phraseology*, Oxford University Press.

Grice, H.P. (1975) "Logic and Conversation", in: *Syntax and Semantics: Speech Acts*, P. Cole & J.L. Morgan (eds.), Academic Press, pp.41-58.

Levelt, W.J.M. (1989) *Speaking. From Intention to Articulation*, ACL-MIT Press.

McLaughlin, B. (1987) *Theories of Second Language Learning*, Edward Arnold.

Muller, B. (1985) *Le français d'aujourd'hui*, Klincksieck.

Porquier, R. (1986) "Remarques sur les interlangues et leurs descriptions", *Etudes de linguistique appliquée* 63, pp.101-107.

Raupach, M. (1987) "Procedural learning in advanced learners of a foreign language", in: *The Advanced Language Learner*, J. Coleman & R. Towell (eds.), AFLS/SUFLRA/CILT, pp.123-155.

Reboullet, A. (1979) "De l'écrit authentique à l'oral authentique", *Le Français dans le Monde* 145, pp.15-17.

Selinker, L. (1972) "Interlanguage", *International Review of Applied Linguistics* 10, pp.219-231.

Selinker, L. & Lakshamanan, U. (1992) "Language Transfer and Fossilization: The Multiple Effect Principle", in: *Language Transfer in Language Learning*, S. Gass & L. Selinker (eds.), John Benjamins, pp.197-217.

Temple, L. (1985) "He Who Hesitates Is Not Lost: Fluency and the Language Learner", *Revue de Phonétique Appliquée*, 73-75, pp.293-302.

Temple, L. & Roubaud, M-N. (1988) "Clés pour la fluidité verbale", *Le Français dans le Monde*, 29, 220, pp.66-69.

Towell, R. & Hawkins, R. (1994) *Approaches to Second Language Acquisition*, Multilingual Matters.

Trévise, A. & Porquier, R. (1985) "Acquisition d'une langue 2 en milieu naturel: quelles méthodologies de description ?" *Langue française* , 68, pp.18-31.

Véronique, D. (à paraître) *Le développement des connaissances grammaticales en français langue 2: implications pour une évaluation.*

Véronique, D. (1995) *The acquisition of grammar in French as a second language: the development of clause combining*, papier présenté à la Cinquième Conférence EUROSLA, Dublin.

Note

Le pourcentage moyen des pauses remplies dans les corpus de locuteurs français L2 et L3 a été calculé à partir de la moyenne des proportions que les pauses remplies représentent dans l'extrait. Cette technique permet d'éliminer l'effet perturbateur des longueurs différentes des extraits de discours.

Why Teach Grammar?[1]

Roger Hawkins, University of Essex
and
Richard Towell, University of Salford

1. Introduction

'Grammar', as we shall use the term here, refers primarily to those syntactic and morphological properties of sentences which are detectable in the spoken medium of a language. These are properties like word order, question formation, the location of negative particles, the location of pronouns, person and number marking on verbs, gender and number marking in determiners, and so on, which are centrally involved in sentence construction.

Many of these properties are also represented in the written medium of languages like English and French. But we wish to separate out from our definition of grammar those properties of a language which are *only* represented in the written medium; for example, in the case of French, we exclude properties like the simple past tense, imperfect subjunctive and past anterior forms of verbs; spelling conventions and conventions for the use of accents; past participle agreement or lack of it in disputed cases like *Nathalie les a vu(s) écraser* 'Nathalie saw them being knocked down'.

The reason we wish to limit our definition in this way is not because these written-language grammatical properties are not difficult for language learners or important to learn (they clearly are), but because one of the arguments which has been used for *not* teaching grammar in the past has been the similarity in development over time between second language learners and first language learners (as we shall see below). Since first language learners do not have access to the written medium, if we wish to examine the arguments for not teaching grammar, it is necessary to do so on the basis of grammatical properties available to both groups of learners.

When researchers first looked seriously at second language (L2) learners' grammatical errors, it became clear that many of them are "developmental". That is, they are not directly attributable to the input learners receive, or to the conditions under which learning takes place. Rather, they result from some internal, subconscious principles of mental organisation which are common to all learners. This discovery led to an early view that L2 acquisition is fundamentally similar to first language (L1) acquisition. Some L2 researchers keen to draw practical implications from this concluded that the teaching of explicit rules of grammar cannot lead to acquisition of grammatical knowledge. Rather, the best kind of input learners can get must be of the sort that L1 learners get: comprehensible utterances heard or read while the learner is engaged in meaningful interactions with other speakers of the L2. (See Towell and Hawkins (1994) for extended discussion of these issues).

The influence of views like these led to the widespread adoption of communicative or "natural" approaches to language teaching in schools and in Higher Education. In the light of two decades of experience, though, current views about the benefits of such approaches are mixed: while many recognise the greater fluency which language students now have (compared with learners in the past), many also lament the fact that the underlying grammatical knowledge they develop is, in many cases, a long way from resembling the grammatical knowledge of native speakers of the target language. We shall refer to this in what follows as learners' "grammatical inaccuracy".

The problem seems to be that while the early L2 observations about developmental errors were not wrong - they have been confirmed repeatedly - the extent to which L2 learners acquire language like L1 learners appears to have been overestimated. The recognition of this fact opens the way for a reassessment of the role of grammar teaching in L2 learning, which will be the purpose of this article.

At this point, though, we should be clear about the scope of the article. We shall not attempt to discuss how to teach grammar, nor what the best kind of grammar teaching consists of. The reason is that we do not know (nor does anyone currently, it seems). And the reason for this is that it has not been academically "respectable" for some considerable time to investigate the effects of different ways of teaching grammar on the development of grammatical knowledge in L2 learners, because the teaching of grammar itself has not been regarded as a legitimate element in the language teacher's repertoire. What we hope to do is provide a clear argument to support the legitimacy of rehabilitating grammar teaching. The investigation then of the relative effects of different kinds of grammar teaching is a topic which other research must address.

2. Arguments for not teaching grammar

For almost two decades, the idea of "teaching grammar" in foreign language classrooms has, in some quarters, been invested with a status akin to taboo. The arguments to support the undesirability of teaching grammar were developed in the 1970s as the result of a convergence of findings from empirical research by L2 researchers and the practical concerns of teachers to motivate an increasing number of classroom L2 learners of varied interests and intellectual abilities. There are two main arguments, and they are quite clear:

2.1 First argument: there is little empirical evidence to suggest that "teaching grammar" has any effect on the course of grammatical development

In the early 1970s there were a number of studies of the second language acquisition of English grammatical morphology [2] (i.e. forms like progressive -*ing* (*eating*), auxiliary *be* (*is eating*), copula *be* (*is happy*), auxiliary *have* (*has eaten*), past tense -*ed* (*walked*), 3rd person singular -*s* on verbs (*she runs*), and so on). These studies found that L2 learners developed accuracy on grammatical morphology in a particular order which was largely independent of influence from the learner's L1, independent of the age at which learners first began acquiring the L2, and, crucially, *independent of whether they were instructed about the use of grammatical morphology or not.*

Dulay and Burt (1973, 1974) and Bailey et al (1974) found that there was little difference in the development of accuracy in speakers of first languages as widely different as Spanish and Cantonese learning English naturalistically or in the classroom, whether in childhood or adulthood. Later studies have confirmed the general observation of stable L2 accuracy orders in English grammatical morphology with speakers of other L1s (e.g. Makino, 1980, with L1 Japanese speakers) and under more controlled conditions of comparison between naturalistic, tutored (instructed) and mixed naturalistic/tutored learners than were present in the early studies (Pica, 1983). These results suggest that

L2 grammatical development is somehow impervious to the effects of external intervention - grammar teaching has no effect on grammatical accuracy.

Later studies have also shown that this internal stability and imperviousness to external intervention extends to other areas of L2 grammatical development, and to L2s other than English. For example, Pienemann (1989) found a pattern of acquisition of German word order in tutored learners identical to that found in naturalistic learners. Ellis (1984) found a pattern of development in the acquisition of English negation by two largely instructed Punjabi-speaking adolescents very similar to the pattern found by Wode (1976) in four German-speaking children acquiring English naturalistically. And so on.

2.2 Second argument: exposing L2 learners to the L2 in communicatively meaningful situations is more "natural" and more motivating than teaching them grammar

Many language teachers in the 1970s who had experience of using grammar/translation methods found them not only wanting in the results they produced, but just as importantly found them unsuccessful in motivating students to achieve even modest levels of proficiency. Classrooms dominated by the learning of chunks of grammar followed by the translation of written texts were perceived as demotivating for all but a minority of students.

Attention began to turn to two areas of linguistic research which were developing at that time. The study of first language acquisition, and the study of the functions of language in use: speech acts (Austin, 1962; Searle, 1969) and communicative competence (Hymes, 1972).

First languages are acquired rapidly, effortlessly and infallibly by all normal children. But crucially first language learners are not taught grammar; nor are they corrected on grammatical errors by the speakers around them (Brown and Hanlon, 1970). First language learners acquire their first language through simple exposure to samples of it in communicatively meaningful interactions with their parents and other caretakers. Perhaps, then, L2 learners would be more motivated and learning would be more successful if the conditions in the classroom were more akin to those under which first languages are learned; that is if learners encountered the L2 as an integral part of communicative activities in the classroom.

Krashen (1985) lent considerable weight to this view by constructing a theory about how grammatical (and other) L2 knowledge develops which he called the "input hypothesis". The input hypothesis maintains that language learning progresses as the result of learners being exposed, in socially meaningful contexts, to samples of the target language *which are just a bit beyond the learner's current competence*; that is, the input is comprehensible, but contains elements of the target language which are new to the learner. Because the learner understands the input, the newly-encountered items become incorporated into the learner's subconscious grammar naturally and effortlessly.

Secondly, researchers were examining the use to which language is put by native speakers in real acts of communication. They began to classify the functions to which language can be put, and noted that these functions were not necessarily tied to specific grammatical structures. An often-used illustration of this is the way in which an expression like "Phew, it's warm in here!" can be used with the force of "Open the window!" where the participants in a conversation are in a relationship of superior to inferior (for example, an army officer talking to a private). In language learning and teaching up to this period, little attention had been given to the problems of using language appropriately in context. The discovery that native speakers not only have grammatical competence but also "communicative competence" gave a further push to the idea that exposing L2 learners to the second language in communicatively meaningful situations might be more appropriate than focusing on the acquisition of grammatical knowledge.

Together, these two arguments provided a powerful rationale for not teaching grammar. If there is no empirical evidence that grammar teaching has a direct effect on the course of grammatical development, and if there are ways of exposing learners to the target language which are more motivating than teaching grammar, why teach grammar at all? In fact, an article as early as 1973 (Dulay and Burt) had the title: "Should we teach children syntax?". To which the conclusion was "no", on the basis of arguments similar to those outlined above. As a consequence, we have seen a range of teaching methods which exclude grammar teaching in principle deployed and discussed since the 1970s, for example the "natural approach" (Krashen and Terrell, 1983), immersion programmes (Harley, 1991; Baker, 1993), suggestopaedia (Lozanov, 1979), "total physical response" (Asher, 1969) and numerous variants.

3. The fading promise of "natural" approaches

The test of time has not fully confirmed the early promise of natural approaches, however. While natural approaches do have their strong points - they encourage and promote "communicative competence", which enables learners to engage successfully in various kinds of social interaction in the foreign language - *they do not appear to encourage and promote grammatical accuracy*. Many teachers of advanced L2 learners who have, earlier in the learning process, been taught using "natural" methods find that the grammatical proficiency of these students stops well short of target language norms.

Moreover, studies of naturalistic or quasi-naturalistic L2 learners who have had years of exposure to the L2 have consistently found that where that exposure starts at some point beyond childhood, learners in general never achieve the same level of grammatical knowledge of the target language as native speakers (Patkowski, 1980; Johnson and Newport, 1989; 1991) [3]. And it is not that this is because the learners studied are "culturally insular" or working in conditions where they get little exposure to the target language. Johnson and Newport, for example, studied a group of Chinese and Korean L1 speakers who were staff and students at a US university, living and working through the medium of English on a daily basis. These are the kinds of conditions under which one would expect optimal exposure to a wide range of grammatical and lexical structures.

4. Understanding the fading promise of natural approaches

We have, then, the following paradox in L2 learning. The course of L2 grammatical development appears to be impervious to external intervention. It develops in ways which are common to L2 learners, and which are independent of the L1 background, the age or the conditions under which learning takes place. In its imperviousness it is just like L1 learning. But, whereas in L1 acquisition development proceeds until all normal children acquire the same kinds of grammatical knowledge as their adult peers, in L2 acquisition this almost never happens (or to be more precise: it almost never happens where L2 acquisition begins after childhood). Understanding the nature of this paradox will help us to understand why the promise of natural approaches to language learning never materialised.

In fact there is a straightforward explanation for the paradox. It appears that language acquisition is subject to a *critical period*. There is a period in early childhood when the mind is particularly sensitive to acquiring complex and subtle grammatical knowledge on the basis of simple exposure to samples of the language spoken in the environment. This period appears to extend up to the age of 7 or so in most children (Johnson and Newport, 1989; Long, 1993). But sensitivity starts to decline after this age. The decline is not catastrophic (that is, the mind does not completely shut down the capacity to form grammatical representations on the basis of simple exposure) but gradual. In Johnson and Newport's (1989) study of the grammatical knowledge of learners who were first exposed to L2 English at different ages, they found that subjects progressively deviated from native speaker grammatical norms the older they were when they first received extended exposure to the L2.

We have two competing tendencies in the grammatical development of older L2 learners, then. There is a stable, staged order in which accuracy develops. But there is also a plateau of competence caused by the shut-down of ability to acquire grammatical representations from simple experience after a certain point. One interpretation that can be given of these competing tendencies is that some parts of the ability to acquire grammatical knowledge from simple exposure to samples of the target language continue to function as they do in L1 acquisition, while other parts decay. Which parts remain operative and which decay is currently still a matter requiring explanation. But the consequence is that L2 learners beyond the critical period *become physiologically incapable of acquiring full L2 grammatical competence on the basis of mere exposure.*

5. A model of the mind

This rather striking conclusion - that people become *physiologically incapable* of acquiring full L2 grammatical competence on the basis of mere exposure - should not be misunderstood. It does not necessarily follow from this that L2 learners will never be able to get close to the grammatical norms of native speakers. It means, though, that they will not be able to get close in the way that L1 learners do: simply through being exposed to samples of language. We shall argue below that where L2 learners do get close to native speaker competence, they are using strategies for constructing grammatical representations which are rather different from those deployed by L1 learners to develop grammatical knowledge from mere exposure. The argument is dependent, though, on a particular conception of the nature of mind.

Fodor (1983) has proposed a model of mind which is organised into two types of component. There are *modules* which deal with specific areas of human sensory experience, like vision, hearing, and so on, and there are *central processes* which have the power to compute, integrate and make sense of information received from the modules - in other words to think. But central processes are not domain-specific in the way that modules are.

According to Fodor, the characteristics of modules and of central processes are quite different. Modules have specific wiring for handling perceptual information (like vision, hearing, etc). Interestingly, Fodor includes amongst the domain-specific modules a module specially wired for handling the formal properties of language; i.e. grammar. Each module is fast in its operation. Each module has to apply when it encounters appropriate data (e.g. you can't help seeing if your eyes are open; vision cannot consciously be switched off. Similarly, if you hear samples of your native language, you can't help understanding them, much as you may try not to sometimes). Finally, the acquisition of information via the modules is deterministic - grammatical representations are constructed automatically, without conscious control, on the basis of exposure to samples of the language, just as representations for spatial orientation develop without conscious control on the basis of exposure to visual information.

Central processes, by contrast, do not have domain-specific wiring. They are "responsible for the fixation of belief, for thought and for storing knowledge" (Smith and Tsimpli, 1995: 30). They are interactive, they aren't necessarily fast, and they don't have to apply (you can choose not to process the information coming from one of the modules. For example, you might not have a choice about understanding someone who utters "forty two plus thirty seven equals", but you can choose not to work the sum out). Central processes are what underlies the ability to draw inferences and to solve problems.

Given such a model, the obvious place to locate the rapid, effortless and successful construction of grammatical representations in first language acquisition is the grammar module. The grammar module deterministically constructs grammatical representations because it is wired to do so. By the same token, the obvious place to locate the critical period is also the grammar module. The grammar module gradually shuts down in part after the age of 7 or so. It can still deterministically construct some kinds of representation - hence we find L2 learners developing some aspects of the L2 grammar in stable sequences which are impervious to intervention - but the grammar module also becomes physiologically incapable of constructing representations for others.

What role, then, do the central processes play in language acquisition? In the case of L1 acquisition, given this conception of the mind, they play no role in the construction of grammatical knowledge. But they would be involved in non-deterministic aspects of language acquisition: the learning of lexical items, and of pragmatic properties of language use. Since central processes are not domain-specific but can draw inferences about information acquired from any of the modules, they can also draw inferences about the structural properties of grammatical representations constructed by the grammar module. In L1 acquisition this is a parasitic and redundant activity (called Linguistics!) because native speaker grammatical competence is derived deterministically from samples of language. But in L2 acquisition, where the grammar module is impaired, the possibility that the central processes can draw inferences about grammatical structure may be a way in which the gap created in deterministic acquisition can be plugged.

Suppose that L2 learners beyond the critical period can use the problem-solving capabilities of the central processes to emulate in some fashion the grammatical representations which the grammar module is no longer physiologically capable of constructing. If such knowledge can be developed into a skill which can somehow be used in L2 production and comprehension, then an L2 learner could go some way towards overriding the impairment in the grammar module which has arisen as the result of the critical period. In the next section we explore the possible role that grammatical knowledge constructed by the central processes might play in L2 acquisition.

6. Acquisition and learning in L2

Krashen (1985), and in many other publications, draws a distinction between *acquired* L2 knowledge (which in terms of the model of mind described in the previous section is knowledge derived by the grammar module) and *learned* L2 knowledge (which is knowledge generated by the central processes). Krashen argues that the role of learned knowledge is very limited in L2 acquisition. Only acquired knowledge initiates spontaneous L2 production. Only acquired knowledge develops naturally as in first language acquisition. By contrast, learned knowledge can initiate nothing. It can act only as a monitor to check the output of the acquired component when the L2 speaker is focused specifically on form and where the L2 speaker has enough time to use the monitor. This relegates the use of learned linguistic knowledge to academic-type tasks like translation and grammar tests, where speakers are focused on form and where they have sufficient time to monitor the output of their acquired knowledge.

This argument leads Krashen to reject consciously-learned L2 knowledge (generated by the central processes) as a legitimate part of learning or teaching L2s, on the grounds that it will not contribute to the acquired system, which develops as the result of learners interacting with samples of the target language in communicatively meaningful environments.

While Krashen may be right that learned knowledge does not affect the grammar module (this is fully in keeping with the argument outlined above), we suggest that he is wrong in rejecting the value of consciously-learned grammatical knowledge for a number of reasons.

Firstly, although acquired L2 knowledge may develop naturally (deterministically) and may indeed be involved in initiating L2 production, as we have seen above it stops well short of native speaker levels of grammatical knowledge in older learners because of the critical period. So although there are grounds for allowing the grammar module the opportunity of constructing grammatical representations from mere exposure to samples of the target language, it will not be capable of constructing all the required representations.

Secondly, it has always been known that learned grammatical knowledge can have dramatic effects on levels of learners' grammatical accuracy on academic-type tasks. Far from denying this, Krashen himself (Krashen, 1985: 21) notes that learners' accuracy on such tasks can be improved from between 7% and 50 % when they use learned knowledge. But in Krashen's view, academic-type tasks are peripheral to the central goal in L2 learning, which is the development of the ability to use the language in spontaneous production. By the same token, though, it has never been shown that learned knowledge is detrimental to the development of acquired knowledge (we wouldn't expect this if acquired knowledge is impervious to intervention). So another way of looking at learned knowledge is that it cannot harm development, and actually does contribute to improved grammatical accuracy under some conditions.

Thirdly, Krashen's view of learned knowledge is that it is slow and static. It is too slow to be of use in the fast on-line tasks associated with spontaneous production (hence only grammar module knowledge can operate). And it always remains slow; Krashen does not allow for any development in the speed of learned grammatical knowledge. There are good reasons to think that this second view is wrong.

There are some kinds of problem-solving (which it would be reasonable to imagine the central processes being involved in) which start off slowly, but become faster with use. Take for example the learning of a tennis stroke like a forehand drive. Humans do not appear to have any specific module for acquiring tennis strokes, and since this particular piece of problem solving involves integrating modular perceptual information like hand-eye coordination, there are grounds for thinking that central processes are involved. To learn to hit a decent forehand drive you need to learn to have the right grip, to make a backswing before the ball arrives, to hit it at the point of bounce where it is level with your waist, to keep your eye on the ball onto the racket-head, and to follow the swing through after the ball has left the racket-head. Some people, when they first start to play tennis, can't even hit the ball. But learning all of the above, slowly and often as independent actions initially, they can gradually build up the speed and interaction of the processes until they are able to produce a reasonably successful forehand drive. Almost anyone can learn to hit a forehand drive in this way.

If central processes have the characteristic of being able to take initially static states of knowledge in some domains and build them into routines which can become progressively faster, there is no reason to suppose they could not do this in *every* domain of thinking. If learned grammatical knowledge is dynamic rather than static, as Krashen supposes, there is no reason why it could not become fast enough to be deployed in real-time spontaneous language use.

If this were the case, it would explain why some largely instructed learners are apparently able to use what they have learned relatively spontaneously. They are not using naturally-acquired grammatical representations, but rather automatised learned grammatical knowledge.

It might also explain an observation which has often been made in the L2 literature: instructed learners achieve higher levels of grammatical accuracy faster than naturalistic learners. A number of studies which have compared instructed L2 learners with non-instructed learners have shown that L2 learners exposed to grammar teaching develop knowledge of the grammatical structures about which they are taught more quickly than naturalistic learners. Long (1983), in a review of 11 studies comparing naturalistic, classroom or mixed exposure to L2s, notes that 6 of them found faster development in learners who had received instruction than in learners who had not. Ellis (1990: 13) reviewing Long's review and incorporating a number of subsequent studies, concluded that "it seems reasonable to assume that formal instruction is of value in promoting rapid and higher levels of acquisition".

There is a disadvantage to learners developing grammatical knowledge through the central processes, however. Because the central processes are problem-solving mechanisms, and because problems can often have more than one solution, the kinds of grammatical representation they construct may be very different from the kinds constructed by the deterministic grammar module, and they may be different from one learner to another. Thus although on core examples L2 learners could, on the basis of consciously-learned knowledge, produce utterances which are identical to those of native speakers, there may be subtle differences in their underlying representations which show up in other areas.

A very good example of this is provided in a study by Chan (1995) of Chinese speakers learning relative clauses in L2 English. English has gaps in relative clauses created by the movement of *wh*-phrases:

The traveller who [___ had stayed at the hotel]

We know that movement is involved because *who* can jump over other material:

The traveller who [the police suspected [___ had stayed at the hotel]

Chinese does not have movement, however. Instead, it mostly has overt resumptive pronouns where English has gaps in relative clauses. Chan found that although initially Chinese learners used resumptive pronouns in relative clauses in their L2 English under the influence of their first language, as they gained in proficiency they used gaps. Very advanced learners used gaps in all the right places in simple relative clauses. But it became clear that the underlying grammatical representations constructed by these advanced speakers were very different from those of native speakers when it was discovered that the advanced Chinese speakers found sentences like the following perfectly grammatical:

*I met the traveller who, when ___ had stayed at the hotel, lost his suitcase

Apparently the Chinese speakers had constructed some sort of 'gap creating' representation in the context of a *wh*-phrase. Although this worked on some occasions, it did not on others. This would seem to be a case where L2 learners have constructed grammatical representations from consciously-learned knowledge which can be deployed in real-time language use, but which are different from the grammar-module-derived representations of native speakers.

These arguments lead us to conclude that consciously-learned knowledge, at the very least, cannot harm naturally-acquired grammatical knowledge derived from the grammar module. And at best it could fill the gap in grammatical knowledge created by the effect of the critical period on the "grammar module", because central processes are dynamic. Consciously-learned grammatical knowledge can become fast enough to be deployed in real-time language use to improve the grammatical accuracy of L2 learners (with the proviso that such consciously-learned knowledge may be underlyingly very different from that of native speakers, and this may show up in subtle differences of performance between the two).

7. Why teach grammar?

The arguments above suggest the following view of the process of second language acquisition in post-critical-period learners. Some grammatical knowledge of the L2 can be constructed by the "grammar module" interacting with samples of the target language. That knowledge stops short of native levels of success, however, as the result of the decay which follows the end of the critical period. The problem-solving central processes are also able to construct grammatical representations which can become automatised and relatively fast. Such consciously-learned knowledge could be used to supplement the shortfall of grammatical knowledge in the grammar module.

Our view is that such consciously-learned grammatical knowledge *should* be used. We are not suggesting that we abandon "natural" methods in language teaching. Clearly their strength lies in motivating learners and in allowing them to develop some natural grammatical knowledge. But there should also be a renewal of interest in developing learners' central processes for constructing grammatical representations. This means teaching grammar.

But there is undoubtedly effective and ineffective grammar teaching (just as there is effective and ineffective maths teaching, history teaching and so on). Exactly what it means "to teach grammar effectively" is not entirely clear because, to our knowledge, there has been no serious comparison of the effects of competing methods for teaching grammar (only studies of the effects of teaching grammar compared with not teaching it - see section 6 above). The time is now right for such an investigation. Our guess (shared by many language teachers) would be that the most effective teaching would not divorce the language from situations of use, and would deal with relatively simple and easily-explained syntactic properties.

In the past, where grammar has been taught, learners have often been expected to use the knowledge they are fed to perform as native speakers do. This is unfair because, as we have argued above, the underlying mechanisms involved in the acquisition of grammatical knowledge can be very different in native speakers and in L2 learners. If we do return to teaching grammar in the L2 classroom, our expectations about what L2 learners can achieve must be tempered by the knowledge that most of them will never be like native speakers of the target language.

References

Asher, J. (1969) "The Total Physical Response Approach to Second Language Learning", *Modern Language Journal*, 53, pp.3-7.

Austin, J. (1962) *How to Do Things with Words*, Harvard University Press: Cambridge, Mass.

Bailey, N., Madden, C., and Krashen, S. (1974) "Is There a 'Natural Sequence' in Adult Second Language Learning?" *Language Learning*, 24, 235-43.

Baker, C. (1993) *Foundations of Bilingual Education and Bilingualism*, Multilingual Matters: Clevedon.

Brown, R. and Hanlon, C. (1970) "Derivational Complexity and Order of Acquisition in Child Speech", in Hayes, J. (ed) *Cognition and the Development of Language*, Wiley: New York.

Chan, C. (1995) *The Acquisition of English Restrictive Relative Clauses by Chinese Learners of English*. University of Essex: Unpublished Doctoral Dissertation.

Dulay, H., and Burt, M. (1973) "Should We Teach Children Syntax?", *Language Learning*, 23, pp.245-58

Dulay, H., and Burt, M. (1974) "Natural Sequences in Child Second Language

Acquisition", *Language Learning*, 24, pp.37-53.

Ellis, R. (1984) *Classroom Second Language Development*, Pergamon: Oxford.

Ellis, R. (1990) *Instructed Second Language Acquisition*, Blackwell: Oxford.

Fodor, J. (1983) *Modularity of Mind*, MIT Press: Cambridge, Mass.

Harley, B. (1991) "Directions in Immersion Research", *Journal of Multilingual and Multicultural Development*, 12, pp.9-19.

Hymes, D, (1972) "On communicative competence", in Pride, J. and Holmes, HJ. (eds) *Sociolinguistics* Penguin: Harmondsworth.

Johnson, J., and Newport, E. (1989) "Critical Period Effects in Second Language Learning: the Influence of Maturational State on the Acquisition of English as a Second Language", *Cognitive Psychology*, 21, pp.60-99.

Johnson, J., and Newport, E. (1991) "Critical Period Effects on Universal Properties of Language: the Status of Subjacency in the Acquisition of a Second Language", *Cognition*, 39, pp.215-58.

Krashen, S. (1985) *The Input Hypothesis*, Longman: London.

Krashen, S. and Terrell, T. (1983) *The Natural Method: Language Acquisition in the Classroom*, Pergamon: Oxford

Long, M. (1983) "Does Second Language Instruction Make a Difference? A Review of Research", *TESOL Quarterly*, 17, pp.359-82.

Long, M. (1993) "Second Language Acquisition as a Function of Age: Research Findings and Methodological Issues", in Hyltenstam, K., and Viberg, A. (eds) *Progress and Regression in Language*, Cambridge University Press: Cambridge.

Lozanov, G. (1979) *Suggestology and Outlines of Suggestopedy*, Gordon and Breach: New York.

Makino, T. (1980) "Acquisition Order of English Morphemes by Japanese Secondary School Students", *Journal of Hokkaido University of Education*, 30, pp.101-48.

Patkowski, M. (1980) "The Sensitive Period for the Acquisition of Syntax in a Second Language", *Language Learning*, 30, pp.449-72.

Pica, T. (1983) "Adult Acquisition of English as a Second Language under Different Conditions of Exposure", *Language Learning*, 33, pp.465-97.

Pienemann, M. (1989) "Is Language Teachable?", *Applied Linguistics*, 10, pp.52-79.

Searle, J. (1969) *Speech Acts: an Essay in the Philosophy of Language*, Cambridge University Press: Cambridge.

Smith, N., and Tsimpli, I. (1995) *The Mind of a Savant*, Blackwell: Oxford.

Towell, R. and Hawkins, R. (1994) *Approaches to Second Language Acquisition*, Multilingual Matters: Clevedon.

Wode, H. (1976) "Developmental Sequences in Naturalistic L2 Acquisiton", in Hatch, E. (ed) (1978) *Second Language Acquisiton*, Newbury House: Rowley, Mass.

Notes

1. We are grateful to the editors of this volume, members of the projects and publications committee of the Association for French Language Studies, and two anonymous referees for comments on an earlier version of this article. They should not be held responsible for any failings which remain.

2. The term "morphology" describes the internal structure of words. "Morphemes" are the smallest units which have an independent grammatical function. Words may consist of a single morpheme, or several morphemes. For example, in the word *verbalised* there are four morphemes: *verb, -al, -ise, -d*. Linguists distinguish "derivational morphemes" from "grammatical morphemes". Derivational morphemes are lexical-item-building devices, and typically change the category status of a word. The noun *verb* is changed into an adjective by addition of the derivational affix *-al*: *verbal*. The adjective *verbal* is changed into a verb by the addition of the derivational affix *-ise*: *verbalise*. Grammatical morphemes, on the other hand, mark relationships between words and phrases in sentences. Typically they do not change the category status of a word. The element *-d* is a realisation of the grammatical morpheme "past tense". The term "grammatical morphology" used in the text refers to the set of morphemes of this type.

3. We are talking here of the knowledge of a language which is below conscious awareness, but which enables speakers to understand and produce spontaneous utterances in normal-speed communication. Native speakers acquire this subconscious knowledge of the grammatical properties of the variety of language they are exposed to successfully, simply on the basis of exposure. Second language learners who are exposed to the target language beyond childhood typically do not.

The Series Editors and AFLS Projects and Publications Committee would like to thank all those who have helped to assess and edit well over a hundred submitted manuscripts over the past few years.

Past and present membership of the Projects and Publications Committee is

James A. Coleman (1991-)
Robert Crawshaw (1991-95)
Dulcie Engel (1993-)
Marie-Anne Hintze (1995-)
Gabrielle Parker (1991-)
Annie Rouxeville (1991-)

Other referees to whom we convey our thanks are:

Robin Adamson
Eve-Marie Aldridge
Rodney Ball
Michèle Bate
Noëlle Brick
Elspeth Broady
Gertrud Ab-Büscher
Peter Bush
Francine Chambers
David Drake
Peter Dyson
George Evans
Bob French
Raymond Gallery
Marie-Marthe Gervais le Garff
Ruth Goodison
Terry Goodison
Geoffrey Hare
Marie-Monique Huss
Anne Judge
Marie-Madeleine Kenning
Anthony Lodge
Nicole McBride
Ian Mason
Rosamond Mitchell
Florence Myles
Susan Myles

David Nott
Malcolm Offord
Rodney Sampson
Carol Sanders
Penelope Sewell
Samuel Taylor
Ros Temple
Richard Towell
Robert Turner
Raynalle Udris
Richard Wakeley
David Walker
David Williams
Hilary Wise
Marie-Paule Woodley